Sebastian Stranz

Warum wir Jesus weiterhin brauchen

Gedanken zu einer
Erneuerung des Christentums

Bibliografische Information der Deutschen Nationalbibliothek: Die Deutsche Nationalbibliothek verzeichnet diese Publikation in der Deutschen Nationalbibliografie; detaillierte bibliografische Daten sind im Internet über dnb.dnb.de abrufbar.

Impressum

© 2023 Sebastian Stranz
www.werde-heil.de
Herstellung und Verlag:
BoD – Books on Demand,
Norderstedt
ISBN: 9783741292767

Inhalt

Einleitung 5

Was ist Religion – und was ist sie nicht? ... 9

Seelische Gesundheit
– Sehnsucht nach Partnerschaft 25

Seelische Gesundheit
– Sehnsucht nach dem Herrn 29

Seelische Gesundheit – sehnende Sucht 33

Seelische Gesundheit
– Sehnsucht nach einem Meister 37

Der neue Mann
und der Frieden in der Welt 41

Nächstenliebe und Fremdenhass 63

Seinen Körper annehmen 77

Die Gemeinde der Neuen Zeit 85

Die heilende Perspektive 95

Quellenangabe 99

Einleitung

*Weiß einer,
warum wir die Kirche im Dorf lassen sollen,
wenn das Dorf nicht mehr in der Kirche ist?*

Nikolaus Cybinski (*1936)

Religion ist Verliebtsein. Eigentlich ist alles damit gesagt. Meine Versuche in diesem Buch, das zu beschreiben, sind nicht mehr als ein hilfloses Stammeln. Denn es gibt kein Rezept, keine Methode, keine Formulierung, wie das wirklich einem Menschen zu vermitteln wäre.

Immer mehr Menschen treten aus der Kirche aus. Zu Ende des Jahres 2022 wurde in Deutschland zum ersten Mal eine Situation erreicht, wo weniger als 50% der Menschen in einer der staatlich anerkannten christlichen Kirchen – katholisch oder evangelisch – sind.[1] Das wird gedeutet als eine Krise des Christentums.

Obwohl ich in diesem Buch darlege, weshalb ich „das Christentum" keinesfalls mit den staatlich anerkannten Kirchen gleichsetze, teile ich diese Deutung: Das Christentum ist in der

Krise und die Kirchenaustritte sind ein Zeichen dafür. Die Kirchenaustritte 2022 sind gegenüber 2021 noch weiter angestiegen. Zum Tag der Deutschen Einheit 2010 formulierte der damalige Bundespräsident Christian Wulff *„Der Islam gehört zu Deutschland"*. Wenn doch nun schon über die Hälfte der Deutschen nicht mehr einer der großen christlichen Kirchen angehört, so stellt sich mittlerweile eine andere Frage: Gehört denn das Christentum noch zu Deutschland?

Bei den Kirchenaustritten spielen aktuell besonders bei der katholischen Kirche die Missbrauchsskandale und der Umgang der Kirche mit diesem Thema eine große Rolle. Allgemein aber ist der Grund für viele Menschen, dass sie schon lange nicht mehr an Gott oder an Christus glauben.

Glaube und Konfessionszugehörigkeit sind zwei verschiedene Themen. Viele sind noch Kirchenmitglieder, obwohl sie nicht an Gott glauben. Manche Kirchliche und viele Konfessionslose haben ihren eigenen Glauben an „das Universum" oder an „eine höhere Macht". Sie wollen sich dabei an kein Dogma binden – und empfinden dabei auch keineswegs, dass aus ihrem Glauben eine Verbindlichkeit in Bezug auf ihre Lebensführung entstünde.

In der Bibel heißt es:

Wer nicht mit mir ist, der ist wider mich; und wer nicht mit mir sammelt, der zerstreut.

Matthäus 12:30[2]

Der verbreitete Agnostizismus und der verbreitete unverbindliche Glaube an „was Höheres" profitieren von der Freiwilligkeit, die mit dem Glaubensweg immer verbunden sein sollte. Kein Mensch sollte zu einem Glauben gezwungen werden, weder aus familiären noch aus traditionellen noch aus politischen Gründen. Aber viele der modernen Freigeister leben in dem Irrtum, ihr Leben spiele sich in einem luftleeren Raum ab, der es ihnen erlaubt, sich ziellos durch das Leben treiben zu lassen. Aus der christlichen Perspektive heraus schlagen sie die angebotene Hand Christi aus. Aus der christlichen Perspektive heraus gehen sie einen Umweg.

Aus der christlichen Perspektive heraus gehen allerdings auch die Kirchenangehörigen einen Umweg, da der Weg der Kirchen mit der christlich-biblischen Ethik schon lange nicht mehr in Übereinstimmung ist und weil die Kirchen ihre Gläubigen in Glaubensvorstellungen festhalten, die mit der ursprünglichen Lehre Jesu nichts zu tun haben. Das Verliebtsein ist in den großen Institutionen oftmals verlorengegangen...

Deshalb sehe ich die Austrittswelle aus den Kirchen keinesfalls nur als negativ. Ich sehe sie als eine überfällige Befreiung von veralteten Strukturen.

In dieser Schrift soll unterschieden werden zwischen den Kirchen und der christlichen Religion, um auf diese Weise herauszuarbeiten, was christliche Religion ist und warum wir sie weiterhin brauchen.

Was ist Religion –
und was ist sie nicht?

*Groß ist die Religion der Macht,
aber größer ist die Religion der Liebe.
Groß ist die Religion
der unversöhnlichen Gerechtigkeit,
aber größer ist die Religion
der verzeihenden Barmherzigkeit.*

Emilio Castelar y Ripoll (1832-1899)

*Keine Religion, die verfolgt, ist göttlich;
verfolgende Religion ist erwürgende Liebe.*

Friedrich Adolf Krummacher (1767-1845)

*Wer vorgibt,
um der Religion willen Krieg zu führen,
hat keine Religion.*

Hans Much (1880-1932)

Die Vorstellungen über die christliche Religion sind geprägt durch die christlichen Kirchen. Die christlichen Kirchen berufen sich auf ihre Bibel. Obwohl es sicherlich auch außerhalb der Bibel viele authentische Quellen gibt und die Bibel aufgrund der vielen Übersetzungen selber sicherlich nicht mehr an allen Stellen authentisch ist, sei sich hier auf die Bibel als Richtschnur des Glaubens bezogen, um darzulegen, dass die Kirchen schon lange nicht mehr dem Pfad ihres eigenen Grundlagenbuches folgen. Aus den Untaten der Kirchen ergibt sich für viele Menschen eine Ablehnung des Christentums, weil sie es mit den Kirchen gleichsetzen und gar nicht bereit sind, selber zur Quelle zu gehen. Bis zu Martin Luther hat die Kirche mit aller Macht versucht, eine Übersetzung der Bibel in die Alltagssprache zu verhindern – damit die Diskrepanzen nicht offenbar werden. Das Erschütternde ist, dass diese Befürchtungen übertrieben waren, denn die Autorität der Würdenträger hat das einfache Volk seit je her so sehr eingeschüchtert, dass es nicht wagt, sie an ihrem eigenen Lehrbuch zu messen.

Diese Haltung war offenbar keineswegs mit der Aufklärung überwunden, diese Haltung wird offenbar auch nicht durch jene überwunden, die aus den Kirchen austreten und meinen, sie würden sich damit von „der christlichen Religion" verabschieden. Christliche Religion ist etwas ganz anderes und hat mit den Kirchen nichts zu tun. Sie kann aber erst entdeckt werden, wenn die werdenden Christen es wagen, die Autoritäten hinter sich zu lassen und selber zur Quelle zu gehen. Den ersten Schritt von diesen beiden machen sie ja mittlerweile...

Viele Christen gehen innerhalb der Kirchen einen authentischen christlichen Weg. Keineswegs sollen diese hier sich angegriffen fühlen oder ihr Weg abgewertet werden. Natürlich geht es letztendlich nicht darum, zum vollkommenen Glauben oder zur vollkommenen Glaubensgemeinschaft zu finden, sondern selber mehr und mehr zu einem vollkommenen Christen zu werden.

Indes lehnen immer mehr Menschen „die christliche Religion" ab, unter anderem, weil sie meinen, sie wäre für die meisten Konflikte und Kriege in der Welt verantwortlich.

Was sagt denn die Bibel zu Gewaltanwendung?

*„...wer das Schwert nimmt,
der soll durchs Schwert umkommen."*

Matthäus 26:52

Solange die Kirchen die Waffen segnen und behaupten, das eigene Land führe seinen militärischen Kampf „mit Gott", vertreten sie vielleicht eine kirchliche Lehre, aber nicht die christliche. Wie kann es nur möglich sein, dass die Menschen die Kirchen immer noch als Vertreter des Christentums wahrnehmen?

Immer mehr Menschen lehnen „die christliche Religion" ab, weil sie sich durch den luxuriösen Lebensstil der „Würdenträger" und ihre Arroganz abgestoßen fühlen.

Was sagt denn die Bibel zu materiellen Gütern und zu den Titeln und Kleidern von priesterlichen Amtsträgern?

Es ist leichter, daß ein Kamel durch ein Nadelöhr gehe, denn daß ein Reicher ins Reich Gottes komme.

Matthäus 19:24

Sie binden aber schwere und unerträgliche Bürden und legen sie den Menschen auf den Hals; aber sie selbst wollen dieselben nicht mit einem Finger regen. Alle ihre Werke aber tun sie, daß sie von den Leuten gesehen werden. Sie machen ihre Denkzettel breit und die Säume an ihren Kleidern groß. Sie sitzen gern obenan über Tisch und in den Schulen...und haben's gern, daß sie gegrüßt werden auf dem Markt und von den Menschen Rabbi genannt werden. Aber ihr sollt euch nicht Rabbi nennen lassen; denn einer ist euer Meister, Christus; ihr aber seid alle Brüder. Und sollt niemand Vater heißen auf Erden, denn einer ist euer Vater, der im Himmel ist....

Matthäus 23:4-9

Was sagt denn die Bibel überhaupt zum Berufspriestertum?

*Geht aber und predigt und sprecht: Das Himmelreich ist nahe herbeigekommen. Macht die Kranken gesund, reinigt die Aussätzigen, weckt die Toten auf, treibt die Teufel aus.
Umsonst habt ihr's empfangen,
umsonst gebt es auch.*

Matthäus 10:7-8

„Umsonst habt ihr's empfangen, umsonst gebt es auch..." – Wie kann denn dieser Satz anders interpretiert werden als dass das Religiöse und das Spirituelle niemals zu einem Geschäft werden darf, niemals zu einem Brotberuf?

Wenn wir also von den Berufspriestern Orientierung erwarten, um ein Verständnis dafür zu gewinnen, was das Christentum ist, so könnte man auch zu einem Schlachter gehen, um zu verstehen, was Tierliebe ist. Wer ein Lebensmodell wählt, das gegen die Lehre Jesu ist, vertritt vielleicht eine Kirche, aber er vertritt nicht die christliche Religion.

Berufspriester lassen sich mit „Exzellenz" titulieren, leben im Luxus und segnen Waffen. Es ist wichtig zu unterscheiden, dass das nicht die christliche Religion ist! Das ist Scheinreligion! Es ist notwendig, Religion und Scheinreligion unterscheiden zu lernen, um zu verstehen, was das Christentum überhaupt ist.

Viele der Aussagen, die die Menschen meinen über das Christentum zu fällen, betreffen nicht das Christentum, sondern die von den Kirchen inszenierte Scheinreligion. Wer wirklich etwas über das Christentum erfahren will, sollte sich selber den Quellen zuwenden (seit Luther jedermann zugänglich!) und die kirchliche Inszenierung einfach mal beiseitelassen.

Was sagt denn die Bibel zu den vielen falschen Propheten, die in Christi Namen auftreten?

Ein jeglicher Baum, der nicht gute Früchte bringt, wird abgehauen und ins Feuer geworfen. Darum an ihren Früchten sollt ihr sie erkennen. Es werden nicht alle, die zu mir sagen: HERR, HERR! ins Himmelreich kommen, sondern die den Willen tun meines Vaters im Himmel... Es werden viele zu mir sagen an jenem Tage: HERR, HERR! haben wir nicht in deinem Namen geweissagt, haben wir nicht in deinem Namen Teufel ausgetrieben, und haben wir nicht in deinem Namen viele Taten getan? Dann werde ich ihnen bekennen: Ich habe euch noch nie erkannt; weichet alle von mir, ihr Übeltäter!

Matthäus 7:19-23

Die Problematik der Scheinreligiösen wird also in der Bibel offen benannt. Es ist Zeit, diese Zeilen auch anzuwenden!

Es geht hierbei ausschließlich darum, die Unterscheidung zwischen Religion und Scheinreligion zu benennen. Es geht nicht darum, bestimmte Vertreter der Kirchen oder gar alle Vertreter der Kirchen zu verurteilen oder zu verdammen. Viele von ihnen machen eine gute Arbeit und leben ihren Glauben, so wie sie es verstehen. Viele von ihnen plagen sich mit materiellen Einschränkungen und verdienen ihren Lebensunterhalt nicht mit der sonntäglichen Predigt, sondern mit ihrer alltäglichen seelsorgerischen Sozialarbeit. Diese Arbeit von vielen ehrlichen Priestern und Pfarrern soll nicht herabgewürdigt werden. Doch wenn es um eine Erneuerung des Christentums geht – deren Notwendigkeit von den Kirchen immer mehr erkannt wird – dann könnte ein erster Schritt sein zu begreifen, dass ein Berufspriestertum von der christlichen Lehre gar nicht vorgesehen ist.

Wer sich mit der Weltgeschichte befasst, ist geneigt, die Religionen als das größte Übel der Menschheit zu bezeichnen und daher Religion an sich abzulehnen.

Kommt aber das Übel nicht von der Scheinreligion? Und gewinnt die Scheinreligion nicht einfach nur deshalb Macht über die Menschen, weil sie nicht mehr wissen, was echte Religion ist? Besteht dann der Ausweg aus dem Übel – Einschüchterung der Gläubigen mit Verdammungsängsten, Abhängigkeit, Macht und Kämpfe um Macht – in einem Verwerfen aller Religion, oder nicht im Gegenteil: in einer intensiveren Beschäftigung mit Religion?

Religion kommt von „re-ligare" – lat. „wiederverbinden" / „rückverbinden". Religion ist das, was den Menschen mit seinem eigenen Wesen, dem innewohnenden Ebenbild Gottes „rückverbindet". Religion macht den Menschen von einem verlorenen sterblichen Blatt im Winde, von einem Winzling, der in einem Sisyphos-Kampf um seinen Lebensunterhalt kämpft, wieder zu einem Kind des Alls, zu einem Stern, der seiner Bahn folgt. Religion ist das, was den Menschen wieder vom „Chaos" in den „Kosmos" (gr. = „Ordnung") führt.

Das Herz der Religion ist Verliebtsein! Was hat Verliebtsein mit Reichtum, mit äußeren Autoritäten, mit Kriegen, mit Macht zu tun? Nichts! – Aber dennoch hat das Verliebtsein in der Religion eine gesellschaftliche Bedeutung. Denn das christliche Verliebtsein verbindet sich von ganz alleine mit ethischen Grundsätzen. Christus, der Geliebte, lebt in jedem Menschen. So wird das Verhältnis zum Mitmenschen zu einer wichtigen Säule des christlichen Weges.

Wahrlich ich sage euch:
Was ihr getan habt einem unter diesen meinen geringsten Brüdern, das habt ihr mir getan.

Matthäus 25:40

Bei einem Teil der Menschen gewinnt der Spruch an Beliebtheit,

„Lieber ein Wolf Odins als ein Lamm Gottes",

z.B. auf Sweat-Shirts oder T-Shirts. Als Christ kann ich diesen Menschen nicht böse sein. Diese rebellische Auflehnung gegen die Religion der Altvorderen hat etwas Freigeistiges, hat etwas Eigenständiges und Wildes und Kraftvolles. Ich kann diesen Menschen nicht böse sein, denn Verliebtsein ist etwas, das man im Grunde nicht erklären kann. Man kann die Bibel hoch und runter lesen oder im Religionsunterricht eingetrichtert bekommen. Aber was Verliebtsein bedeutet? Es ist nicht zu vermitteln.

Vielleicht hilft es manchem, wenn man ihn an seine erste zarte Erfahrung mit dem Verliebtsein in der Jugend erinnert. Diese zarte Erfahrung, inklusive der vorprogrammierten Tragik, die zu einer gesunden Entwicklung dazu gehört, ist allerdings in einem Umfeld, wo schon unter Kindern obszöne Kraftausdrücke an der Tagesordnung sind und wo Schüchternheit als Schwäche gilt, eine gefährdete Seltenheit, etwa wie eine aussterbende Tierart. Vielleicht aber war diese Erfahrung schon immer nur den Sensibleren vorenthalten? Wie dem auch sei, letzten Endes gilt: Entweder man ist verliebt oder man ist es nicht.

Verliebtsein in Christus – das ist etwas ganz Zartes und etwas ganz Persönliches. Jenseits von Bibelkenntnissen. Jenseits von der Zugehörigkeit zu einer religiösen Organisation. Und doch ist es das Herz der christlichen Religion. Ohne dem ergäbe das andere alles eigentlich keinen Sinn...

Ein Lamm Gottes ist kraftvoll, es ist viel kraftvoller als ein ganzes heulendes Rudel von Odin-Wölfen. Nichts ist kraftvoller als die Macht der Liebe. Aber es ist nicht zu erklären.

Denn meine Schafe hören meine Stimme, und ich kenne sie; und sie folgen mir, und ich gebe ihnen das ewige Leben; und sie werden nimmermehr umkommen, und niemand wird sie mir aus meiner Hand reißen....

Johannes 10:27-28

Der Mensch, in dem diese Verliebtheit aufblitzt, erlebt ein Glücksgefühl: endlich angekommen zu sein, im Leben geführt zu sein, die Worte des Herrn in sich auf einmal klingen zu spüren – klingen als den Ruf des wahren Lebens aus den Tiefen der eigenen Seele. Es ist nicht zu erklären und nicht zu vermitteln. Kein Prediger der Welt weiß, wie man Verliebtsein überträgt. Jeder Versuch dazu, den eine Predigt darstellt, ist es wert, aber wie, wann, wo es funktioniert?

Weiß keiner.

Das Christentum ist diese Eingeburt des Herrn in das eigene Herz, das innere Bethlehem. Doch umso mehr an Weihnachten darüber zelebriert, gesprochen, gesungen wird, desto mehr scheinen wir uns davon zu entfernen...

Wenn uns bewusst wird, dass die Zeit, die wir uns für einen anderen Menschen nehmen, das Kostbarste ist, was wir schenken können, haben wir den Sinn der Weihnacht verstanden.

Roswitha Bloch (*1957)

Das „Christus in jedem Menschen" kann nur erwachen, wenn Christus im eigenen Herzen erwacht. Das innere Bethlehem. Der eigentliche Sinn von Weihnachten.

Erst kommt das Verliebtsein. Dann kommt die Frage: „Herr, was soll ich in meinem Leben tun? Herr, wie soll ich leben?" Und das kann alles im Leben umschmeißen.

Leider läuft es meistens in dem, was wir als „Christentum" bezeichnen, anders.

Entweder, heißt es „der Glaube allein genügt", man braucht in seiner Lebensführung als „Christ" gar nichts beachten oder ändern. Wenn „der Glaube allein genügt", dann kann man nicht wirklich verliebt sein!

Oder „das Christentum" wird wahrgenommen als eine Ansammlung von Moralvorschriften und Lebensanweisungen.

Beides ist es nicht. Erst kommt das Verliebtsein. Und aus dem Verliebtsein folgt das Gebet „Herr, hilf mir in Deinem Sinn zu handeln, lass mich Dein Diener, Dein Werkzeug sein". Wenn dieser Impuls aus dem Verliebtsein heraus kommt, ist man Christ. Sonst tut man nur so, als wär man einer. Die vielen Schauspieler errichten die Scheinreligion. Ethische Lebensregeln gibt uns auch der Humanismus. Aber ethischen Lebensregeln folgen, um Ihm, dem Geliebten zu gefallen, das ist dann Christentum.

Ethik kann ohne Religion existieren,
Religion aber nicht ohne Ethik.

Lisz Hirn (*1984)

Verliebtsein unterscheidet die Religion von der Philosophie. Viele Atheisten und Agnostiker behaupten: Eine philosophische Ethik genügt, es bedarf keiner Religion. Das ist okay. Aber könnte es nicht ein Irrtum sein zu meinen, der Verzicht auf Religion wäre eine Befreiung? Ist es nicht eher einfach nur Verzicht statt Befreiung?

Kann die Seele ohne Verliebtsein wirklich gesund sein? Können wir wirklich seelisch gesund sein, wenn wir uns vom „Seelenheil" abkoppeln?

Braucht unser Herz nicht „etwas"? Und ist das fehlende „Etwas" nicht der Grund für die vielen Verirrungen der Menschen: Klammern an äußere Liebesbeziehungen, Süchte, Gier nach Macht, Gewalt…?

Kann also die humanistische ethische Richtschnur wirklich flächendeckend und auf Dauer funktionieren, solange dem Herzen noch etwas fehlt?

Seelische Gesundheit
– Sehnsucht nach Partnerschaft

Liebe, nur Liebe führt – sonst nichts! –
zur Quelle der Liebe.

Johann Caspar Lavater (1741-1801)

Wir brauchen „etwas". Wir brauchen „etwas" für die Seele. Wir brauchen die Liebe. Wir definieren die Liebe zumeist über die partnerschaftliche Liebe. Wir definieren uns selbst über die partnerschaftliche Liebe. Haben wir einen Partner, läuft alles rund in der Partnerschaft, dann sind wir glücklich. Sonst nicht. Also die meiste Zeit nicht...

Soraya von Persien, Prinzessin Diana, Elizabeth Taylor, Edith Piaf, Prinzessin Caroline von Monaco, Prinzessin Stephanie von Monaco... Ich suche nach Namen, um die Abhängigkeit des Menschen von der Liebe zu illustrieren, wie sehr das Leben der meisten Menschen doch einfach nur eine Tragödie der Liebe ist. Warum kommen mir lauter Namen von Frauen? Männer sind noch abhängiger von der Liebe, Männer fallen bei Trennungen eher in Depressionen als Frauen.

Und doch kommen mir lauter Namen von Frauen. Weil Frauen ihre Depression eher ausdrücken – in Suchtmittelmissbrauch oder in das Stürzen in neue Beziehungen auf der verzweifelten Suche nach „der" großen Liebe... Bei vielen Männern sieht die Strategie in einer solchen Situation anders aus: Auch sie missbrauchen Suchtmittel, auch sie stürzen sich in neue Beziehungen. Aber oftmals verfallen sie auch in eine Sexsucht, sie füllen die Lücke mit Sex, sei es neben einer oberflächlichen Beziehung, sei es nach dem Ende einer innigen Liebesbeziehung. Sie suchen nicht mehr nach dem anderen Geschlecht als Beziehungspartner, sondern als Konsumobjekt. Das sieht dann nicht nach Depression aus. Ist es aber, es ist nichts anderes, es ist nur überdeckt. Wir nennen es sogar „Lebensfreude"...

Unsere partnerschaftliche Liebe ist allzu oft geprägt von einem Mangel, von einem Gefühl der eigenen Unvollständigkeit. Zwei Bedürftige können einander nicht viel geben, die Enttäuschung ist allzu oft vorprogrammiert. Weil wir nicht gesund sind, nicht „heil". Denn „heil" bedeutet nichts anderes als „ganz", „vollständig" – so wie das englische „whole". Sexsucht ist wie jede andere Sucht ein Ausdruck der Unvollständigkeit. Sucht sucht.

Die Kirche ist innerhalb des Menschen, nicht außerhalb; jeder Mensch, in dem der Herr gegenwärtig ist, ist eine Kirche.

Emanuel von Swedenborg (1688-1772)

Wie können wir vollständig sein, wenn wir nicht zu der Kirche geworden sind, von der Swedenborg spricht?

Wie können wir also heil, seelisch gesund, sein, wenn wir nicht zu der Kirche geworden sind, von der Swedenborg spricht?

Doch die Wirklichkeit steht im vollen Gegensatz zur Sicht mancher Kirchenvertreter, die als Ideal des Christen einen partnerlosen, „keuschen" Lebenswandel sehen. Erst der vollständige Mensch ist wirklich reif für die Partnerschaft. Weil er nicht mehr bedürftig ist, nicht mehr abhängig, nicht mehr ein seelischer Bettler.

Er ist vom Bedürftigen zum Gebenden geworden und daher reif für eine tragfähige langfristige Beziehung.

Der erwachte Christ steht immer in der innigen Nähe zum Geliebten, er steht immer in der vollen Geborgenheit, er steht immer in der vollen Liebe. Das nur zu wissen macht nicht satt. Das macht ebenso wenig satt wie der Gedanke, man könne sich doch von Lichtnahrung ernähren, während einem der Magen knurrt. Der Hunger bleibt, die Sehnsucht nach der Liebe bleibt.

Der hungrige Mensch braucht Essen.

Die Seele braucht die tief erfahrene Nähe des Geliebten.

Seelische Gesundheit
– Sehnsucht nach dem Herrn

Wir können die Liebe erleben in unseren partnerschaftlichen Beziehungen. Das beinhaltet viele schöne Momente.

Doch mit der Erfüllung, die darin besteht, Ihn, den Herrn in der Kirche anzubeten, die innerhalb ist, ist das nicht zu vergleichen. Es ist ein Erlebnis, das einen von innen her erfüllt – weil es einen erst vollständig macht. Vorher waren wir unvollständig, mit Ihm sind wir vollständig.

Das kann man nicht erklären, nicht übertragen, das ist nichts für die Öffentlichkeit dieser Welt. Und doch ist gerade das die Grundlage des Christentums, das Geheimnis seiner Ausbreitung, die durch nichts, nichts, nichts in der Welt wirklich zu erklären wäre.

Dieses Erlebnis kann man auch nicht herbeibeten. Es braucht Jahre und Jahrzehnte der Bemühungen, „ein guter Christ zu sein", es braucht Jahre und Jahrzehnte der Bemühungen, die Erleuchtung zu finden, es braucht das vollständige Scheitern auf diesem Weg, es braucht das Erlebnis als Gescheiterter, dass Er, der Herr, einen noch immer liebt und an seiner Seite steht. Wie kann man das erleben? – Es gibt kein „Wie", keine Methode! Aber Scheitern hilft schon was. Scheitern auf dem Weg „ein guter Christ zu sein" oder auch einfach mal das wieder und wieder und wieder erfahrene Scheitern auf der Suche nach der wahren Liebe in der Partnerschaft.

Scheitern hilft. Ist aber nicht jedermanns Sache. Ist auch nicht unbedingt notwendig. Es geht auch ohne Scheitern. Aber wie? Wie, wie, wie erlangen wir die Erfahrung, dass alles, was uns im Leben begegnet, alles was wir fühlen und erleben dürfen, aller Schmerz, alle Freude, alles, was wir sind – nur durch Seine Liebe kommt, die uns immer begleitet? Alles, was wir sind, sind wir durch Ihn! Sehr hochbegabte religiöse Genies können in diese tiefe Erfahrung sicher auch ohne Scheitern gelangen. Aber Scheitern hilft.

So wie Petrus gescheitert ist, bevor ihm der Hahn krähte. Er wurde zum glühendsten Verfechter der neuen Bewegung. Aber erst durch das feine stille Erlebnis der Liebe des Herrn – das ihm nach seinem Scheitern zuteilwurde. Das steht in keinem Buch. Aber sein Leben gibt Zeugnis davon. Sein Leben, das dazu beitrug, dass das Christentum sich ausgebreitet hat wie ein Flächenbrand. Im Scheitern von Petrus liegt das wahre Geheimnis des Christentums. Bis dahin war er eigentlich noch der Simon – erst die verzeihende Liebe des Herrn machte ihn zum Petrus, zum „Fels".

Wer diesen Punkt in sich gefunden hat, der wankt nicht mehr, der ist zum Fels geworden. Der ist vollständig, der ist seelisch gesund. Unsere moderne Medizin befasst sich mit der Seele, so wie sie sich mit dem Körper befasst: Sie erforscht tausende von Krankheiten, vergisst aber dabei die Gesundheit zu definieren, sie zu beschreiben und zu beschreiben, was zur Gesundheit führt. Seelische Gesundheit ist Vollständigkeit. Für die Gläubigen – und nach aller Logik – ist die seelische Vollständigkeit, das „Seelenheil", eine Sache der Religion.

Seelische Gesundheit ist ein religiöser Zustand. Solange unsere moderne Medizin das nicht anerkennt – weil sie Religion und Wissenschaft als gegensätzliche Lager betrachtet – tappt sie bei der Beurteilung der seelischen Erkrankungen und bei den psychosomatischen Auswirkungen auf die körperliche Gesundheit im

Dunkeln. Sie fischt im Trüben. Und kann nicht beschreiben, wie wir vom Sand, der vom Meer hin und her gespült wird, wieder zum Fels in der Brandung werden.

Wir werden zum Fels in der Brandung, indem wir zum inneren Christus finden.

Seelische Gesundheit
– sehnende Sucht

*Der Süchtige wird in der Sucht
niemals finden, was er sucht.*

Helga Schäferling (*1957)

Die innere Vollständigkeit befreit uns von den Süchten, denn die Süchte sind ein Versuch, das innere Defizit zu überdecken. In der Wahrnehmung der meisten Menschen ist ein Leben ohne Alkohol nicht vollständig. Viele betrachten ihren Konsum als so geringfügig, dass daraus keine Probleme erwachsen. Doch Alkohol ist ein gefährlicher Suchtstoff. Er ist nicht etwa deshalb legal, weil er ungefährlich wäre, sondern weil die Versuche, ihn zu verbieten, immer nur dazu geführt haben, dass eine Alkohol-Mafia entsteht und dass sich Menschen mit gefährlichem Fusel gesundheitlich schaden.

Unter dem Einfluss von Alkohol erleiden Menschen schwere Verkehrsunfälle. Wenn auch andere geschädigt werden, kann das lebenslange Skrupel nach sich ziehen.

Unter dem Einfluss von Alkohol sagen oder tun Menschen Dinge, die sie nachher bereuen.

Unter dem Einfluss von Alkohol begehen Menschen Gewalttaten, die sie nachher bereuen.

Unter dem Einfluss von Alkohol schädigen Menschen auf Dauer ihre Gesundheit. Es gibt keine geringe Menge Alkohol, die gesundheitsfördernd wäre, wie man lange geglaubt hat. Schon kleine Mengen schaden.[3] Also ist die Annahme, der eigene Alkoholkonsum wäre unproblematisch, immer eine Selbsttäuschung.

In der Wahrnehmung der meisten Menschen ist ein Leben ohne Alkohol nicht vollständig. In der Wahrnehmung eines erfüllten Christen ist gerade der Konsum von Alkohol ein Zeichen dafür, dass das Leben nicht vollständig ist.

Ein Leben in Christus – das ein Leben mit der Ausrichtung ist, Ihm in allen Menschen zu dienen – ist ein fröhliches, reiches und erfolgreiches Leben. Das muss sich nicht unbedingt in finanziellem Reichtum widerspiegeln, führt aber in der Regel zumindest zu geordneten finanziellen Verhältnissen. Die Tragödien vieler Lebensläufe sind nicht notwendig. Aber natürlich darf ein jeder seinen eigenen Tiefpunkt des Scheiterns finden, der ihm hilft, den Ruf des Herrn in sich zu vernehmen.

Eine medizinische Wissenschaft der Seele kann nicht wirklich den Menschen zur seelischen Gesundheit führen, wenn sie ihm nicht eine Vorstellung davon zu vermitteln vermag, was seelische Gesundheit ist. Seelische Gesundheit ist Vollständigkeit, die nur dadurch entstehen kann, dass die Seele von einem dunklen, kalten Ofen über eine schwelende Glut zur hellen Flamme der Liebe erwacht. Das ist die „Wissenschaft des Christentums", die heute so viele Menschen verwerfen – gerade in einer Zeit, wo die seelischen Auffälligkeiten, Verirrungen und Leiden so sehr zunehmen.

Der moderne Mensch hat die Freiheit, seinen eigenen weltanschaulichen Weg zu gehen. Doch Jesus von Nazareth ist der inkarnierte Christus. Christus ist das innere Kind Gottes im Menschen, das reine Geistwesen. „Geist" in der Ganzheit des Menschen von Körper, Seele, Geist kann die moderne Psychologie nicht definieren, es sei denn, sie definiert ihn religiös (siehe Viktor Frankl, Begründer der Logotherapie). Christus ist das reine Geistwesen im Menschen. Deshalb heißt es ja auch,

„er muß wachsen, ich aber muß abnehmen" –

Johannes 3:30.

Wir können an der Oberfläche von Körper und Seele leben – und das Vakuum mit Suchtmitteln füllen. Aber wenn das Kind Gottes im Menschen erwacht, dann geht es in Resonanz zum inkarnierten Christus. Erst dann leben wir in der Ganzheit. Natürlich akzeptiert der erwachte Christ auch andere religiöse Wege. Aber es bleibt die Frage: Kann das Kind Gottes im Menschen wirklich erwacht sein, wenn es nicht in Resonanz zum inkarnierten Christus geht?

Seelische Gesundheit
– Sehnsucht nach einem Meister

Der Meister ist da und ruft dich.

Johannes 11:28

*Ein rechter Meister zieht keine Schüler,
sondern eben wiederum Meister.*

Robert Schumann (1810-1856)

Menschen schließen sich „religiösen" Gemeinschaften an, die sich um einen charismatischen Guru scharen. Dieser Guru versteht es, genau die Defizite anzusprechen, die so sehr am Menschen nagen. Er versteht es, ihnen etwas davon zu geben, nach dem sie sich so sehnen. „Etwas davon" – aber nicht die Vollständigkeit. Die Vollständigkeit würde die Jünger unabhängig machen. Etwas davon – macht Hunger auf mehr und sichert dem Guru so die Unterwürfigkeit und Dienstbarkeit seiner Jünger.

Diese Abhängigkeitssituation kann nur entstehen, weil der Mensch nicht in sich die Vollständigkeit gefunden hat, weil der Mensch nicht in sich den Meister aller Meister gefunden hat. Wer sich nicht an Christus wendet, verwirft den inneren Meister.

Den Erkalteten fehlt nichts, sie leben ihr Leben im Äußeren. Die Sensibleren suchen in der Partnerschaft nach der vollkommenen Liebe. Sie können auf diesem Weg viel Schönes finden, jedoch natürlich nicht die innere Vollständigkeit. In der Regel finden sie mehr Leid als Erfüllung. Die Höherentwickelten suchen nach dem Meister, den sie verwarfen, und sind anfällig für die Versprechungen äußerer Gurus. Wenn der spirituelle Lehrer den Menschen nicht zum Meister aller Meister führt, der in ihm selber ist, ist dieser Weg immer ein Umweg. In der Unvollständigkeit neigen wir dazu, Menschen, die uns einen Schritt voraus sind, zu vergöttern. Mit Christus im Herzen ehren und achten wir unsere Mitmenschen, wir sind fähig, ihre Größe anzuerkennen, aber wir vergöttern sie nicht und werden nicht von ihnen abhängig.

Die Erkalteten verurteilen die Anhänger von Guru-Sekten und können ihre „Dummheit" und „Naivität" nicht nachvollziehen. Dabei sind diese

Anhänger die Höherentwickelten, denn ihre innere Glut hat sie sehnsüchtig nach der Flamme der Liebe gemacht – nur eben ohne zu wissen, wo sie diese Sehnsucht stillen können. Die Erkalteten halten sich für klüger, haben aber keine Antworten. Viele Berichte von Sekten-Aussteigern folgen dem Prinzip, dass die Erglühten wieder zu Erkalteten werden. Sie unterwerfen sich wieder dem kalten Intellekt. Das wird als Rettung dargestellt und empfunden. Der Mensch integriert sich wieder in die „normale Gesellschaft" – was nichts anderes heißt, als dass er sich wieder einfügt in die große Masse der Erkalteten.

Wenn wir aber die seelische Gesundheit als Vollständigkeit definieren, dann wissen wir, dass darin niemals die Heilung bestehen kann. Wenn die Suche in dieser Inkarnation abgebrochen wurde, weil sie zu sehr von anderen missbraucht wurde, dann sucht die Seele drüben oder in anderen Inkarnationen weiter. Der Weg zur seelischen Gesundheit bedeutet, diese innere Sehnsucht aufrechtzuerhalten und ihr zu folgen – solange, bis man zum inneren Meister gefunden hat.

Der neue Mann
und der Frieden in der Welt

*Echte Männlichkeit und Unaufrichtigkeit
sind unvereinbarliche Begriffe.*

Hans Gross (1847-1915)

Wir leben in einer Zeit, wo die Geschlechterunterschiede mehr und mehr aufgehoben werden. Wer Unterschiede zwischen den Geschlechtern aufzeigt, der steht heute schnell in Verruf, der Diskriminierung der Frau das Wort zu reden. Doch die Gleichberechtigung wird nicht dadurch infrage gestellt, dass es doch Unterschiede zwischen Mann und Frau gibt – die auch zu unterschiedlichen Rollen in der Gesellschaft führen. So ist zum Beispiel die paritätische Frauenquote in der Politik zum Scheitern verurteilt. Man kann sich zwar behelfen durch Nannys oder durch aufopfernde Ehemänner. Der Feminismus kann es jedoch nicht ändern, dass Frauen in der Hege und Versorgung des Nachwuchses eine größere Rolle spielen als der Mann. Rein biologisch ist die Mutter durch Schwangerschaft, Geburt und Stillen zunächst einmal die erste Bezugsperson für das werdende Leben. Jacinda Ardern, Premierministerin von Neuseeland, hat vor kurzem ihren Rücktritt bekanntgegeben, aus familiären Gründen. Sie gab zu, dass es für sie eine solche Erleichterung war, dass sie nach der Entscheidung nach langer Zeit wieder einmal richtig durchschlafen konnte. 2017 hatte sich das noch ganz anders angehört:

„Aus Anlass ihres Amtsantritts als Premierministerin war Ardern in der Fernsehsendung The Project von Moderator Jesse Mulligan und später ein weiteres Mal von Mark Richardson in der AM Show des Senders TV3 nach ihrem Kinderwunsch gefragt worden. Sie konterte, dass es – wie im Human Rights Act von 1993 festgelegt – nicht akzeptabel sei, dass Frauen im Zusammenhang mit ihrem Arbeitsplatz nach ihrem Kinderwunsch befragt werden und dass es für einen Arbeitgeber illegal ist, eine derzeitige oder potenzielle Arbeitnehmerin zu diskriminieren, weil sie schwanger ist oder in Zukunft Kinder haben möchte. Was folgte, war eine landesweite öffentliche Diskussion, in der ihr eine Mehrheit der Befragten recht gab."[4]

Um Missverständnissen zuvorzukommen: Weder habe ich etwas gegen ihren Amtsantritt noch etwas gegen ihren Rücktritt. Der Rücktritt zeigt allerdings, dass der Kinderwunsch einer Frau bei der Berufstätigkeit durchaus ein Thema ist, das man zwar aus politischer Korrektheit zurückstellen kann, das einen aber doch wieder einholt. Jacinda Ardern hatte während ihrer Amtszeit Kinder bekommen – und ist zwischen den Verpflichtungen als Mutter und als Staatslenkerin dadurch natürlich mehr und mehr in einen Konflikt geraten. Man darf annehmen, dass sie lange Zeit diesen Konflikt verdrängt hat. Männliche Staatslenker dehnen nach Möglichkeit gerne ihre Amtsführung über viele Jahre aus. Eine weibliche Ausnahme, die da mithalten kann, ist Angela Merkel. Doch sie wurde Bundeskanzlerin in einem Alter, in dem die Familienplanung normalerweise abgeschlossen ist, mit 51. Eine weitere Ausnahme bilden die Königinnen dieser Welt – wobei sie jedoch als Beispiele für ein gesundes Gleichgewicht zwischen Beruf und Familie nicht wirklich taugen. Üblicherweise geben sie die Kindererziehung zu einem großen Anteil in die Hände von Nannys, Gouvernanten und Hauslehrern.

So kann man sagen, dass die paritätische Frauenquote für Führungspositionen nur zu einer Verzerrung führen kann, weil es für ein langfristiges umfangreiches Amt immer weniger zur Verfügung stehende Frauen als Männer geben wird.

Es mag sein, dass diese Position als frauenfeindlich und politisch inkorrekt gewertet wird, doch ist es allein die Zielstellung in diesen Betrachtungen, die biologischen Tatsachen unvoreingenommen zu berücksichtigen. In diesen Ausführungen habe ich die Auffassung illustriert, dass es unauslöschbare Unterschiede zwischen Frau und Mann gibt. Diese Unterschiede nicht zu leugnen hat nichts damit zu tun, eine Unterdrückung oder Ungleichbehandlung der Frau zu rechtfertigen.

Das eigentliche Thema soll hier sein:

Gewalttätigkeit als vorwiegend männliches Problem.

Verkörpert nicht zum Beispiel das Militär die Auffassung, dass sich Konflikte mit Gewalt lösen lassen? Diese Auffassung mag weltlich gesehen legitim sein – und für den Verteidigungsfall durchaus nachvollziehbar. Aus christlicher Sicht jedoch ist diese Auffassung in jedem Fall ein Irrtum und ein Ausdruck der Verirrung. Wird das Leid durch den Einsatz von Waffen nicht immer nur vergrößert? Wenn im christlichen Sinn seelische Gesundheit als eine religiöse Wiedervereinigung mit dem Herrn definiert wird, dem Inbegriff der Gewaltlosigkeit, ist dann nicht jede Gewaltbereitschaft ein Zeichen einer Uneinigkeit mit sich selbst? Ein ungelöster seelischer Konflikt? Jedes Tragen einer Waffe und jede militärische Übung stehen für eine Gewaltbereitschaft. Seit einigen Jahren dürfen in Deutschland auch Soldatinnen in der Armee dienen. Für viele Frauen ist das ein Zeichen der Gleichberechtigung. Aus christlicher Sicht ist es kein Fortschritt, wenn Gleichberechtigung bedeuten soll, dass die Frauen auch an der seelischen Problematik der Männer teilhaben dürfen.

Ist denn Gewalttätigkeit ein vorwiegend männliches Problem? Natürlich gibt es Gewalttätigkeit auch bei Frauen. Aber um sich eine Antwort zu geben, muss man sich nur einmal die Belegung in den Gefängnissen ansehen.

„Die polizeiliche Kriminalstatistik sagt, dass Frauen mit ungefähr 30 Prozent bei Diebstahl, Betrug, Veruntreuung, Unterschlagung und Beleidigung vertreten sind. Bei den schweren Gewaltdelikten, wie Mord, Totschlag und schwerer Raub sind sie fast verschwindend gering, mit ungefähr 12 Prozent – Männer mit 88 vertreten."[5]

Unsere Gesellschaft steht immer häufiger vor Gewalttaten, die unvermittelt hervorbrechen, Amokläufen und irrsinnigen Morden, oft ohne erkennbare Motive. Wer darauf achtet, kann schnell feststellen, dass diese Gewalttaten fast immer von Männern verübt werden. Wir können diese Gewalttaten den einzelnen Tätern zuschreiben. Aber durch die zunehmende Häufigkeit, ist die Gesellschaft mehr und mehr gefordert zu hinterfragen, was das für sie zu bedeuten hat, bzw. zu hinterfragen, inwieweit ein gesundes Rollenverständnis des Mannes noch in der Gesellschaft verankert ist.

Hier nur ein Beispiel, das durch die Nachrichten ging:

„Ibbenbühren in Nordrhein-Westfalen:

Berufsschüler tötet Lehrerin

Ein 17-Jähriger hat offenbar eine Lehrerin mit einem Messer im Schulgebäude angegriffen und getötet. Anschließend habe der junge Mann laut Polizei den Notruf gewählt.

Ein 17-jähriger Schüler ist in Nordrhein-Westfalen unter dem Verdacht festgenommen worden, seine Berufsschullehrerin getötet zu haben. Wie Polizei und Staatsanwaltschaft mitteilten, soll der Verdächtige die 55-Jährige am Nachmittag im Schulgebäude in Ibbenbüren aufgesucht haben. Zu diesem Zeitpunkt sei die Pädagogin allein in einem Klassenzimmer gewesen. Dort soll der junge Mann die Lehrerin mit einem Messer angegriffen und getötet haben. Die Ermittlungen zu den Hintergründen der Tat stünden ganz am Anfang."[6]

Diese Ausbrüche der Gewalt, jenseits einer verzweifelten Selbstverteidigung oder eines kriegerischen Schauplatzes oder auch nur eines aus der Kontrolle geratenen Affekts aufgrund einer Provokation, offenbaren nicht einfach nur eine Unfähigkeit mit einem aktuellen Konflikt umzugehen, sondern natürlich eine langfristig bestehende Störung in der Persönlichkeitsentwicklung.

Wir wünschen uns Männer, die willens und fähig sind, Konflikte gewaltfrei zu lösen. Wir wünschen uns Männer, die soweit mit sich im Gleichgewicht sind, dass sie ihre Affekte kontrollieren können und durch den Weg der Selbsterkenntnis zu ihrem eigenen Anteil an ihren Konflikten gelangen. Der Weg der Gewaltlosigkeit wird im Christentum gelehrt. Der Weg einer „sanften Männlichkeit" wird im Christentum gelehrt. Der Weg der Selbsterkenntnis wird im Christentum gelehrt.

Was siehst du aber einen Splitter in deines Bruders Auge, und des Balkens in deinem Auge wirst du nicht gewahr?

Lukas 6:41

Das innige, gelebte, gläubige Christentum haben wir mehr und mehr aus unserer Gesellschaft verdammt. Auch in den meisten kirchlichen Schulen ist nicht mehr viel davon zu merken. Wir wollen also all das den Jugendlichen und jungen Männern beibringen, nur ohne Christus. Schließlich finden wir diese ethischen Werte auch im Humanismus – der uns nicht zu einem bestimmten Glauben verpflichtet, der ihn aber auch nicht verbietet. Das wird als Vorteil, als Befreiung, als Beginn einer neuen weltanschaulichen Mündigkeit aufgefasst – die wir dem jungen Menschen natürlich nicht vorenthalten wollen. Aber könnte es nicht auch anders sein: Dass wir dem jungen Menschen gerade das vorenthalten, was der Schlüssel zu all dem sein könnte – den Zugang zum inneren Christus?

Die Lösung kann es ganz sicher nicht sein, das aufgezwungene Scheinchristentum in der kirchlichen Erziehung wieder zurückzuholen. Es gibt daher durchaus nachvollziehbare Argumente für diesen säkularen Erziehungsansatz. Doch die Erfolge geben diesem Ansatz nicht recht. Schulen und Elternhaus werden mehr und mehr zu Orten der Gewalttätigkeit. Eltern und Lehrer haben nicht selten Angst vor den ihnen anvertrauten Jungen und jungen Männern, auch wenn es nicht immer um solche Gewalttaten geht, wie in dem Extrembeispiel des Lehrerinnenmordes. Die Erziehung der heranwachsenden männlichen Jugend ist aus der Kontrolle geraten. Wir versuchen durch ein Agieren auf der Ebene der Disziplinarmaßnahmen zu überleben. Aber die Hilfeschreie aus den Elternhäusern, den Heimen, den Schulen, den Lehrwerkstätten bleiben ohne eine auflösende Antwort.

Die verzerrte Auffassung von Männlichkeit setzt sich fort in den Partnerschaften und im Streben nach Macht mit all seinen üblen Begleiterscheinungen – bis hin den Diktatoren mit ihrer gewaltsamen Unterdrückung jeder Opposition und mit ihren Feindbildern und Angriffskriegen.

Hier soll es darum gehen, wieso Christus, als Verkörperung eines anderen Männerbildes, nicht nur ein Beispiel zum Abnicken ist, sondern die Grundlage für eine neue Pädagogik und für eine neue Kultur der Männlichkeit sein kann.

„Ich nenne Jesus den ersten neuen Mann, weil er beispielhaft das Weibliche in sich nicht unterdrückt, sondern entwickelt und integriert hat. Als Mann des rationalen Gefühls ist Jesus das leuchtende Beispiel für emanzipierte Frauen, erwachsene Männer und suchende Jugendliche."

Franz Alt (*1938)[7]

Das „integrierte Weibliche" bewahrt den Mann vor einer „toxischen Männlichkeit". Andererseits ist zu einem ernsten Problem in der

Gesellschaft der Typus „Muttersöhnchen" geworden – Männer, die sich weder gegenüber ihrer Frau durchsetzen können, noch gegenüber ihren Kindern, Männer, die duckmäuserisch sind, die nicht zu sich stehen, die wehleidig sind und bei einem angestoßenen Zeh nach dem Arzt rufen. Frau wollen erstmal gerne einen „Softie", Frauen wollen Männer, die zuhören können, Männer, die auch bereit sind, sich um die Säuglings- und Kleinkindpflege zu kümmern, die Windeln wechseln und Kinderwagen schieben. Doch oftmals stößt das übertriebene Weibliche bzw. fehlende Männliche bei vielen „Softies" die Frauen in der Partnerwahl letztendlich ab. Sie wenden sich dann wieder den dominanten Männern zu, den durchsetzungsstarken, den zielgerichteten und erfolgreichen. Sie werden dabei von den positiven Attributen der Männlichkeit angezogen, haben aber im weiteren Zusammenleben nicht selten unter den Ausformungen einer toxischen Männlichkeit zu leiden: Rechthaberei, Unterdrückung, bis hin zu Gewalt.

Ein ernstes Problem in der Gesellschaft, das dringend nach Erlösung ruft. Doch das „Muttersöhnchen" ist ebenso ein ernstes Problem. Nicht nur, weil die Frau das fehlende Männliche kompensieren muss – immer mehr

Entscheidungen alleine treffen, immer mehr Konflikte mit dem Umfeld, Vermieter oder Handwerker, selbst austragen, immer mehr der Sprecher der Familie sein vor Ämtern, Psychologen oder Nachbarn, immer mehr Konsequenzen gegenüber den Kindern alleine festlegen und durchziehen... Ein ernstes Problem ist der „Pantoffelheld" auch deshalb, weil er natürlich seinem männlichen Nachwuchs kein hilfreiches Rollenvorbild sein kann. Den Söhnen fehlt Orientierung, ihnen fehlt das männliche Element in der Erziehung, ihnen fehlt der Vater. Dieses Vakuum der Männlichkeit führt zu vielerlei Umwegen in der Entwicklung – Leistungsdefizite in der Schule (die nicht durch fehlenden Intellekt zu erklären sind), Drogensucht und die Suche nach „starken" Rollenvorbildern. Das geht schon in der Schule unter den Schülern los und stellt nicht selten die Weichen für einen Weg der Gewalt, der Vorstellung, durch Gewaltanwendung hierarchisch aufzusteigen.

Die ausgeglichene sanfte Männlichkeit eines Jesus, die durchsetzungsstark und kompromisslos ist, aber dabei gewaltfrei, wurde niemals kennengelernt. Der Weg der toxischen Männlichkeit ist für viele daher das einzige

Angebot, um das fehlende Männliche in sich zu entdecken.

Diese Abläufe wurden zum Beispiel sichtbar in der Nachwendezeit in den neuen Bundesländern. Da die Frau in der DDR in der Regel berufstätig war und zusätzlich zuhause und in der Kindererziehung die meisten Aufgaben stemmen musste, hatte sie oft viele männliche Anteile in sich entwickelt. Im Beruf gab es in der DDR die Unterscheidung zwischen Männer- und Frauenberufen nicht so stark wie im Westen. Die Kranführerin und die Baggerfahrerin sind Beispiele, wo der Typus der „Mannfrau" besonders zum Ausdruck kam. Zusätzlich war nach der Wende das Selbstbewusstsein der Männer durch die Arbeitslosigkeit angeknackst, während es teilweise den Frauen durch ihre Flexibilität eher gelang, sich eine neue berufliche Position zu erobern.

Die im Osten nach der Wende häufige Familienkonstellation mit dominanten Müttern und „Pantoffelheld-Vätern" steht sicherlich in einem engen Zusammenhang mit dem Aufkeimen einer rechten Jugendbewegung – mit der Inszenierung einer toxischen Männlichkeit inklusive Kontrolle des eigenen Stadtteils bis hin zu nationalen Herrschaftsansprüchen, den Feindbildern Juden, Ausländer und Diener des „Systems" und einer ungezügelten Gewaltanwendung.

Die Merkmale der toxischen Männlichkeit sind Streben nach

- Dominanz („Platzhirschverhalten"),

- territoriale Ansprüche (Eroberungsverhalten vom Sandkasten über die Stadtteil-Kontrolle bis zum kriegerischen Eroberungsfeldzug)

- und obsessiver Machtkomplex (zu den Mitmenschen wird kein echtes Vertrauensverhältnis aufgebaut, sondern man sucht Untergebene, Gehorsame. Wer sich nicht untergibt, wird als Feind gesehen).

Natürlich wirkt sich der Machtkomplex auch in der Partnerschaft aus. Die Frau freut sich solange über die „starke Schulter", bis ihr der Zwang zum Kuschen und Gehorchen zu viel wird. Während der Mann noch meint, nur einem gesunden Rollenverständnis der Männlichkeit zu entsprechen, merkt er noch nicht einmal, dass er für eine echte Beziehung unfähig ist. Wenn die Frau dann ausbricht, wird sie mit einem Schlag zum „Feind".

Diese Muster begegnen uns oft in der islamischen Kultur, weitere Ausformungen sind Zwangsverheiratungen und „Ehrenmorde". Diesen Ausformungen sollte natürlich mit dem Strafgesetzbuch begegnet werden, doch liegt eine wirkliche Heilung und Erlösung auf tieferer Ebene. Die westliche bzw. „christliche" Kultur vermag es nicht, eine andere, gesunde Form der Männlichkeit vorzuleben, wie sie es auch nicht vermag, ein überzeugendes Christentum vorzuleben, das die Moslems als echte Religiosität empfinden.

Der islamische Kulturkreis ist nur ein Beispiel, die toxische Männlichkeit in der Partnerschaft ist ein kulturübergreifendes Problem, besonders ausgeprägt in den slawischen Ländern, aber ebenso auch im Westen vorhanden.

Der männlichen Gewalt liegt ein Dominanz-, Territorial- und Machtkomplex zugrunde. Obwohl es vollkommen richtig ist, dass ein

Entwickeln der weiblichen Anteile heilsam ist, ist doch die Frage zu stellen:

Genügt diese Zielstellung? Wie soll die toxische Männlichkeit zur Heilung und Erlösung gelangen, solange die Lehre Jesu, das Gegenmodell, nicht angenommen wird? Jesu gibt uns nicht nur die Aufforderung zur Gewaltlosigkeit, sondern auch die zugrundeliegende Welt- und Lebensanschauung, das Gegenmodell zum männlichen Dominanz-, Territorial- und Machtkomplex:

Mein Reich ist nicht von dieser Welt.

Johannes 18:36

Die Radikalität dieser Lehre ist von den Kirchen offenbar nicht erkannt worden. Diese Lehre führt nicht nur zur Enthaltsamkeit von Angriffskriegen, sondern diese Lehre entzieht auch den nationalen Verteidigungskriegen ihre „christliche" Legitimation! Wenn das Vaterland nicht mehr das Land ist, wo einen der irdische Vater hineingeboren hat, sondern wo einen der himmlische Vater als Geistwesen einst erschaffen hat – dann gibt es kein irdisches Land mehr, für das wir verpflichtet sein müssten, mit Gewalt und mit Einsatz des eigenen Lebens zu kämpfen.

Somit verliert das Militär an sich seine „christliche" Legitimation.

Die Streitigkeiten zwischen Israel und Palästina hören nicht auf, um genau das Land, wo der größte Prophet aller Zeiten wandelte und lehrte, *„mein Reich ist nicht von dieser Welt"*. Die jüdischen Israelis und die muslimischen Palästinenser nehmen Christus nicht an. Hier wird es besonders sichtbar, wie die Konflikte in dieser Welt keine Heilung finden, weil die Menschen den Erlöser nicht angenommen haben.

Gewalt führt immer nur zu weiterer Gewalt, es wäre die Aufgabe der „christlichen" Parteien daran zu erinnern. Leider stehen die „christlichen" Parteien mehr unter dem Einfluss der Kirchen, die die Waffen segnen, als der Lehre Jesu. *„Mein Reich ist nicht von dieser Welt"*, hört sich zu radikal an. Man könnte behaupten, das habe Jesus nur auf sich bezogen, das sei kein Lehrsatz für die Menschen. Wahrscheinlich ist das die Haltung der Kirchen und der vielen scheinchristlichen Territoriumsverteidiger. Allerdings gibt es einen weiteren radikalen Satz von Jesus, der zu anderen Schlüssen führt:

Wer mir dienen will, der folge mir nach.

Johannes 12:26

Wie können wir in der Nachfolge Jesu stehen, wenn es nicht für uns ebenso gültig ist, *„Mein Reich ist nicht von dieser Welt"*? Und wie können wir behaupten, Diener Jesu zu sein, wenn wir uns nicht dazu entschieden haben, Ihm nachzufolgen? Der christliche Weg ist ein radikaler Weg. Die leichtfertige Art so vieler kirchlich geprägter Menschen, sich als „christlich" zu bezeichnen, beachtet nicht, was das Christentum eigentlich beinhaltet. Christ sein bedeutet, sich der Nachfolge zu verschreiben und bedeutet, seinen Lebensmittelpunkt nicht mehr in der Materie zu suchen.

„Mein Reich ist nicht von dieser Welt", beinhaltet, sich weder mit einem Staat zu identifizieren noch mit einer Region, einer Stadt, einem Kiez oder einem umzäunten Grundstück. Hierdurch werden die Merkmale der toxischen Männlichkeit ausgehebelt. Es ist eine zutiefst religiöse Haltung, die sich nur darin gründen kann, in Christus seine wahre Heimat zu finden.

Wie wollen wir mit unseren humanitären Ethikprogrammen und Anti-Aggressionstrainings diese Neuausrichtung erreichen, die aus einem toxischen Mann einen gesunden, ausgeglichenen, gefühlvollen und dennoch starken Mann macht? Oder wollen wir dem Macho-Mann predigen, er solle doch bitteschön mehr weibliche Anteile integrieren??? Die Probleme der toxischen Männlichkeit stören den Frieden zuhause, in der Schule, im Straßenverkehr, in den Bandenrevieren und unter den Nationen, sie verletzen Menschen und bringen ihnen ein Leben in Angst, sie kosten tausende und abertausende an Menschenleben. Könnte es nicht sein, dass weder eine humanitäre Ethik noch ein kirchliches „Seid nett zueinander?" genügen, um diese tiefgreifende Deformation des Männlichen zu beheben? Könnte es nicht sein, dass es einer Rückkehr bedarf zur Grundlage des Christentums: in Christus verliebt sein, in Christus seine wahre Heimat finden?

Das heißt, seine grundlegenden Lebenseinstellungen, auf Neudeutsch sein ‚mindset', auf den Prüfstand zu stellen. Das heißt, ein neues Idealbild von sich selbst zu errichten, in der Orientierung auf das Leben Jesu den inneren Christus zu entwickeln. Es gibt nicht „ein bisschen Christ sein". Christ sein ist ein radikaler Weg. Durch die Säuglingstaufe in den Kirchen ist es völlig verloren gegangen, dass es sich bei Christ sein um eine schwerwiegende persönliche Entscheidung handelt. Ein anderes Christentum gibt es nicht! Eine wahrhaft christliche Gesellschaft heilt die toxische Männlichkeit. Oder sollte man sagen, NUR eine wahrhaft christliche Gesellschaft heilt die toxische Männlichkeit?

„Mein Reich ist nicht von dieser Welt", bedeutet, mehr und mehr zum inneren Reichtum zu finden. In dieser Haltung erledigt sich Diebstahl und Raub von alleine. So heißt es ja auch, *„ein guter Pastor in der Gemeinde ist mehr wert als sieben Polizisten"*. Wir wollen das Verbrechen bekämpfen. Die Diskussion in der Gesellschaft geht nur immer hin und her zwischen den beiden Polen „Wir brauchen mehr Polizei" und „Wir brauchen mehr Sozialarbeit". Aber brauchen wir nicht auch eine spirituelle Grundlage?

„Mein Reich ist nicht von dieser Welt", hört sich nach Jenseitssehnsucht an. Die moderne Gesellschaft hat sich seit der Aufklärung von der Lebensauffassung abgekehrt, diese Welt wäre bloß ein Jammertal und das wahre Leben beginne erst nach dem Hinscheiden. Dieses Aufschieben des Lebens hat man als einen Selbstbetrug

erkannt. Außerdem wurde dieses „fromme" Aufschieben des Lebens instrumentalisiert von denen, die ihre Fronarbeiter und Untergebenen gerne weiter im Modus der Selbstaufopferung und der Bedürfnislosigkeit halten wollten. Heutzutage möchte man sich seine Wünsche und seine Sehnsucht nach ein bisschen Glück und Menschenwürde auch schon im Diesseits erfüllen. Das ist völlig in Ordnung. Nur hat man die tiefere Bedeutung von *„Mein Reich ist nicht von dieser Welt"* damit nicht ausgeschöpft. Es geht dabei gerade nicht darum, sein Leben in eine ungewisse Zukunft zu verschieben, sondern darum, die vollständige, ganzheitliche Gegenwärtigkeit zu realisieren.

Die materialistische Lebensauffassung bedeutet, es gibt nur die Materie – und vielleicht noch eine Seele als eine Widerspiegelung der Materie, als eine Gefühlswelt, die sich im Menschen angeblich nur durch seine materiellen Erfahrungen zusammenbraut. Nur die spirituelle Lebensauffassung kann den Menschen ganzheitlich sehen – als Körper, Seele, Geist. Denn „Geist" meint nichts anderes als das innewohnende spirituelle Wesen im Menschen. Dieser „Geist" ist ja in uns! Er ist im Menschen als ein Potential, das vielleicht ungenutzt ist, nicht ausgeschöpft, aber immer da! Gegenwärtig sein heißt, ganzheitlich zu leben, zu leben aus dem innewohnenden Geistwesen, unserem spirituellen Kern.

Daher ist die Lebensauffassung *„Mein Reich ist nicht von dieser Welt"* gerade nicht ein Aufschieben des Lebens in die Zukunft. Sondern es ist die Aufforderung, die geistige Dimension in dieses Erdenleben mit einzubeziehen.

Unser spiritueller Kern ist der innere Christus. Leben wir am Leben vorbei, wenn wir sagen, *„Mein Reich ist nicht von dieser Welt"*? Oder leben wir am Leben vorbei, wenn wir den inneren Christus ignorieren und ihn nicht entwickeln?

Nächstenliebe und Fremdenhass

Fremd ist der Fremde nur in der Fremde.

Karl Valentin (1882-1948)

Am 10.02.2023 haben sich die EU-Staaten auf einen stärkeren Schutz der EU-Außengrenzen geeinigt. Dieser Beschluss beinhaltet die Aufforderung der EU-Kommission sich an der Finanzierung zu beteiligen, die bisher ausschließlich den EU-Mitgliedsstaaten an den Außengrenzen überlassen wurde.

„Bundeskanzler Olaf Scholz betonte nach dem Abschluss des Treffens, dass man sowohl die Grenzen besser sichern als auch bessere Voraussetzungen dafür schaffen wolle, Arbeitskräfte aus Nicht-EU-Staaten anzuwerben."[8]

Der Ruf in der Politik wird immer lauter, die Zuwanderung mehr zu kontrollieren, zu begrenzen.

Seit 2015, wo innerhalb eines Jahres etwa eine Million Flüchtlinge Deutschland erreichten, ist der Flüchtlingsstrom nicht abgerissen. Aktuell kommen die Flüchtlinge aus der Ukraine hinzu, die vor dem Angriffskrieg durch Russland und seinen Auswirkungen fliehen. Bei immer mehr Menschen gibt es ablehnende Reaktionen, die völlig verständlich sind:

- „Wie sollen wir das alles noch schaffen?"

- „Warum bekommen die Flüchtlinge alles so schnell und unbürokratisch, worauf unsrereins lange warten muss?"

- „Kann meine Tochter abends noch auf die Straße gehen?"

- „Kann ich mich in meinem Heimatort noch wohlfühlen, wenn ich auf den Straßen kaum noch Deutsche sehe?"

Diese Reaktionen treiben die Menschen immer mehr in die Hände derjenigen, die schon lange die Zuwanderungspolitik kritisieren und den Fremdenhass schüren. Nächstenliebe und Fremdenhass scheinen sich für sehr viele Menschen nicht mehr zu widersprechen. Wenn man die Fremden hasst, heißt das ja nicht, dass man seine Nächsten nicht liebt, oder? Das deckt sich allerdings nicht mit dem christlichen Verständnis von „Nächstenliebe". In einer Ethik, die sogar die Feindesliebe fordert, meint der Begriff „der Nächste" einfach nur „der Mitmensch" – völlig unabhängig davon, wie nah er einem steht.

Mit dem Unwort „Überfremdung" wird die Angst davor geschürt, dass wir die eigene Identität preisgeben und mehr und mehr verlieren. Was ist aber in Deutschland die eigene Identität? Oder was ist „deutsche Kultur"? Kaum einer singt in seiner Freizeit deutsche Volkslieder oder kümmert sich um die Pflege des deutschen Volkstanzes. Mit den deutschen Folkloretänzen ist es wohl auch eher so wie mit der „deutschen Küche": Es gibt da keine einheitliche deutsche Kultur, sondern eher eine Regionalkultur, die von Region zu Region unterschiedlich ist.

Was also ist die Kultur, die uns verbindet? Dass wir nach Feierabend ein Bier trinken gehen? Ist es die verbindende Kultur des türkischen und arabischen Sprachraumes, dass sie nach Feierabend eher in die Shisha-Bar gehen? Oder ist nicht die eigentliche verbindende Kultur des türkischen und arabischen Sprachraums der Islam? Wenn nicht die Nation das

Identitätsstiftende ist, ist es die Religion. Die Identität erhalten wir durch eine Größe, die uns übergeordnet ist. Daraus leitet sich dann alles ab, was wir als Kultur verstehen. Ohne Religion fehlt der Kultur die Quelle.

Den übertriebenen Nationalismus des Ersten und Zweiten Weltkriegs haben wir überwunden. In der Zeit nach dem Zweiten Weltkrieg wurde erkannt, dass die Grundlagen der Prosperität nicht in Anfeindung und Bekämpfung bestehen können, sondern in Annäherung und Kooperation. Der „Nationalstolz" ist heute zu Recht ein Atavismus, an dem manche meinen, sich noch festhalten zu müssen, aber der für den Großteil der Menschen seine Bedeutung, außer beim Fußball, verloren hat.

Woraus beziehen wir also unsere Identität?

Wenn wir keine Religion mehr haben?

Wir fürchten um unsere Identität, wenn die Moslems in unserem Land überhandnehmen. – Ja, haben wir denn eine?

In Wahrheit verlieren wir unsere Identität, wenn wir die christliche Nächstenliebe preisgeben. Jesus von Nazareth war kein Aramäer und kein Israeli. Er war Kosmopolit. Er gehört dem Universum. Er gehört der ganzen Menschheit. Ein Christ ist ein Kosmopolit. So sieht er in jedem Menschen den Nächsten, den Bruder und die Schwester als Kinder Gottes, er unterscheidet nicht nach Nationen und Hautfarbe.

Rauben uns „die Fremden" unsere Identität? Oder zeigen uns die Einwanderer nicht einfach nur mit einem Vergrößerungsglas die Probleme auf, die ohnehin vorhanden sind?

Manche Verschwörungstheoretiker warnen, dass die „Flüchtlingswellen" von langer Hand gesteuert sind, mit dem Ziel, die westliche Kultur auszuhöhlen und in einer übergeordneten Agenda die Neue Weltordnung vorzubereiten. Selbst wenn also diese Theorien wahr sind, was kann denn unsere Strategie sein, um die Pläne der finsteren heimlichen Drahtzieher zu durchkreuzen? Dass wir uns immer mehr in Rage bringen lassen, dass wir „die Fremden" als Feinde sehen und dabei mehr und mehr zu unmenschlichen Bekämpfern und Gewalttätern gegen unsere Nächsten werden? Oder dass wir das tun, womit die finsteren Drahtzieher nicht rechnen: In der christlichen Liebe zu bleiben, uns damit unsere Identität zu bewahren und gleichzeitig noch die Vorteile der Zuwanderung abzuschöpfen?

Denn die überalterte westliche Gesellschaft braucht die Zuwanderung, braucht arbeitsfähige junge Leute mit Hunger auf Leben. Je mehr wir ihnen eine Perspektive geben, umso kleiner ist die Gefahr, dass sie in die Kriminalität abrutschen. Das wichtigste Werkzeug und gleichzeitig der wichtigste Gradmesser für die Integration ist die Eingliederung in den Arbeitsmarkt. Doch auch hier zeigen uns die Einwanderer nur die Probleme auf, die ohnehin in unserer Gesellschaft vorhanden sind: Schaffen wir es denn noch, unsere „eigenen Leute" stimmig zu integrieren, ihnen eine Perspektive zu geben?

Der Arbeitsmarkt braucht dringend „frisches Blut"! Es bringt einfach keine Punkte, wenn wir die Flüchtlinge in Gemeinschaftsunterkünften, die fern der Städte sind festhalten („Residenzpflicht") und sie für die Arbeit eine Erlaubnis beantragen müssen. Es muss in unserem eigenen Interesse sein, dass sie schnellstmöglich arbeiten und Steuern einzahlen. Warum ist denn auf einmal bei Ukrainern das möglich, was bei Syrern und Afghanen nicht möglich ist? Christlich ist das nicht.

Das christliche *„Mein Reich ist nicht von dieser Welt"* ist nicht vereinbar mit einer limitierenden Flüchtlings- und Einwanderungspolitik. Die christliche Haltung kann nur sein: globale Freizügigkeit. Jeder darf leben, wo er will. Wer gibt einem das Recht darüber zu entscheiden, ob jemand seine Familie nachholen darf oder nicht? Es geht um einen Eingriff in die Lebensplanung anderer Menschen. Wer gibt einem das Recht, Kriterien festzulegen wie Flüchtling, Wirtschaftsflüchtling oder Asylsuchender? Wer gibt einem das Recht darüber zu entscheiden, ob ein anderer Mensch arbeiten darf oder nicht? Wir merken gar nicht mehr, wie übergriffig das eigentlich ist.

Es geht für einen Christen immer um Kinder Gottes, denen der Planet genauso gehört wie einem selber.

Der Einwand gegen diese Haltung:

„Ja, werden denn dann unsere Sozialsysteme nicht ausbluten?"

Auch hier zeigen die Einwanderer nur die Probleme auf, die ohnehin vorhanden sind. Sozialsysteme, die Langzeit-Arbeitslosen und jungen Leuten, die noch nie gearbeitet haben, Gelder bewilligen und unbegrenzt auszahlen, die die Renten nach jahrzehntelanger Arbeit übersteigen, werden ausbluten. Ob mit Einwanderern oder ohne. Abhilfe kann eine komplette Umstellung des Systems schaffen:

Für Langzeit-Arbeitslose nach einer festzulegenden Zahl an Arbeitslosenjahren und für junge Leute, die noch nie in die Arbeitslosenkassen eingezahlt haben, können statt Geldleistungen nur noch Sachleistungen angeboten werden: Kleiderkammern, Möbelbörsen, Tafeln. Der Staat könnte zum Beispiel vierstöckige Häuserblocks mit Dreizimmer-Wohnungen erwerben. Dann kann er die Wohnungen zimmerweise an Einzelpersonen vergeben. Für eine bestimmte Zahl von Bewohnern kann im Erdgeschoss ein Sozialarbeiter-Büro eingerichtet werden. Der Sozialarbeiter hilft bei Konflikten in diesen Zweck-WG's, bei Behörden-Angelegenheiten, aber auch bei der Organisation der Kleiderkammern, Möbelbörsen, Tafeln. Der Arbeitslose kann sofort in eine Aufgabe eingeführt werden: in Selbstorganisation seine Versorgung zu sichern.

Ein solches System, vom Staat gesteuert und subventioniert, scheint äußerst einschränkend für die Hilfeempfänger. Bei genauerer Betrachtung fehlt es den Hilfeempfängern an nichts. Heute ist es noch so, dass wohnungslose Hilfeempfänger lange auf einen Wohnheimplatz warten müssen – für einen Platz in einem Mehrbettzimmer! Der neue Ansatz des „Housing first" möchte Wohnungslosen eine Wohnung vermitteln, die dann vom Amt übernommen werden soll. Das funktioniert auch, aber natürlich nur in einer verschwindend kleinen Anzahl von Fällen, da der Wohnungsmarkt das natürlich überhaupt nicht hergibt. Es gibt aber eine Zwischenstufe zwischen „wohnungslos" und „eigene Wohnung": ein eigenes Zimmer in einer Zweck-WG. Gemeinschafts-Bad und Gemeinschaftsküche.

Diese Zimmer vergibt der Staat unentgeltlich für die Empfänger von Sachleistungen, kann sie aber auch an die vielen wohnungssuchenden Singles vermieten: frisch Geschiedene, Lehrlinge, Studenten und allen, die arbeitsmarktbedingt umziehen müssen.

Unabhängig von diesen konkreten Lösungsvorschlägen benötigen wir ein Umdenken, was unseren Umgang mit Fremden und mit unserer eigenen Identität betrifft. Dass diese beiden Bereiche eng miteinander verknüpft sind, wird erkennbar daran, wie schwer es uns fällt, in der Einwanderungsfrage zu einer zufriedenstellenden Lösung zu finden in einer Situation, wo wir die eigene Identität offenbar verloren haben.

Die Anfeindung der „Fremden" ist selbstschädigend, weil wir sie dringend brauchen. Genauso selbstschädigend ist die 2015 aufgekommene „Willkommenskultur", deren Grundlage nicht professionelle Sozialarbeit ist, sondern ein überbordender Helferreflex, mit Ausformungen wie Aufnahme in die eigene Privatwohnung oder Überstülpen eines Berufsweges aufgrund der eigenen persönlichen Bekanntschafts-Beziehungen. Aufnahme in die eigene Privatwohnung kann in Ausnahmefällen gelingen, ist aber keine Lösung. Ebenso wenig wie berufliche Integrationsversuche bei Bekannten ohne eine Kenntnis der Möglichkeiten, der Ausbildungswege und der Förderstrukturen. Ausgenutzte Gastgeber und verbrannte Bekanntschafts-Beziehungen sind ein Preis, für den nicht die Einwanderer verantwortlich sind, sondern die warmherzigen Helfer selber. Doch diese Art der „Hilfe" ist nicht nur selbstschädigend, sondern beraubt den Einwanderer seiner Würde und seiner Selbständigkeit.

Die „christliche Nächstenliebe" in diesem Zusammenhang ist zwar *„ohne Falsch wie die Tauben"*, aber auch *„klug wie die Schlangen"* (Matthäus 10.16). Die professionelle Sozialarbeit muss in diesem Zusammenhang gestärkt werden – und befreit von zahlreichen Hürden des Ausländerrechts. Der Staat muss nachvollziehbare Konzepte der Integration vorlegen – und darf die Einwanderer nicht jahrelang in Gemeinschaftsunterkünften festhalten, teilweise ohne jedes Angebot.

Drogenhandel und Internetkriminalität erblühen in einer solchen Situation. Aber nicht, weil die „Fremden" „böse" wären. Es ist so anmaßend und lächerlich, durch Befragungen bei der Einreise festzulegen, welcher Flüchtling gut oder böse wäre, wer ein Betrüger wäre oder wer es nur auf unser Sozialsystem abgesehen hätte. Aufgrund unseres Rechtsverständnisses muss bei einem Menschen, der von keinem Gericht verurteilt wurde, von der Unbescholtenheit ausgegangen werden. Natürlich können wir nicht zu einhundert Prozent die Lebensläufe der Einwanderer steuern. Aber wir können durch die entsprechenden Angebote die Chancen erhöhen, dass sie nicht kriminell werden und sich in unsere Gesellschaft integrieren.

Begehen Flüchtlinge bei uns Straftaten, wird der Ruf nach Abschiebung laut. Das vielbeschworene Instrument der Abschiebung kann immer nur in Einzelfällen funktionieren und niemals zu einer flächendeckenden Lösung werden. Dazu fehlen die Kapazitäten, und der Ablauf ist zu anfällig: Kann der Abzuschiebende aufgefunden werden? Benimmt sich der Abzuschiebende im Flugzeug, so dass der Pilot nicht den Start verweigern muss?

Abgesehen davon muss man sich schon fragen: Was für eine Idee steckt überhaupt dahinter? – Einen Menschen „abzuschieben"? Das ist nicht nur weit entfernt von einem christlichen Verständnis des Umgangs miteinander. Das ist auch höchst zweifelhaft bei Straftätern. Bekommt denn ein Deutscher, der in der Türkei eine Straftat begeht ein Heimflugticket? Oder muss er die Strafe nicht einfach abbüßen? Was haben wir für ein Rechtsverständnis, wenn man Nicht-Verurteilte durch Abschiebung bestraft? Und wenn man Verurteilte nicht der Strafe zuführt, die das Strafgesetzbuch vorsieht?

Ebenso wenig hilft das Schließen von Grenzen. Es wird zu keiner Lösung führen. Migration ist wie Wasserkreislauf und Vogelzug[9]. Migration gibt es in der Menschheitsgeschichte nicht erst seit gestern. Sie ist auch weder als positiv noch als negativ zu bewerten. Wer würde auf die Idee kommen, den Wasserkreislauf und den Vogelzug zu bewerten? Es gibt sie eben. Genauso bedürfen wir endlich der Akzeptanz, dass es Migration nun einmal gibt! Der Mensch sucht nach dem „gelobten Land", der Mensch sucht für eine neue Lebensphase nach neuen Möglichkeiten und nach einem Land, das ihm diese verheißt. Auch Deutsche migrieren – nach Amerika oder Skandinavien. Die Motive unterscheiden sie gar nicht so sehr von den Einwanderern in Deutschland. Aber die Motive sind eben eine sehr persönliche Sache – die wir im Sinne einer globalen Freizügigkeit nicht zu Kriterien einer Aufnahme machen dürfen. Die verwendeten Mittel, um Grenzen zu sichern, können sehr viel besser eingesetzt werden, um sinnvolle Integrationsstrukturen zu schaffen, die natürlich auch den Einheimischen zugutekommen. Natürlich darf ein Sozialsystem nicht so aufgebaut sein, dass es Sozialschmarotzer aus aller Welt anlockt. Wie kurzsichtig ist es, wenn man feststellt, dass viele Einwanderer sich von dem weltweit einmaligen Experiment angelockt fühlen, Menschen ohne Leistung unbegrenzt Geld auszuhändigen – diese Einwanderer abzuwehren! Natürlich muss man an seinem Sozialsystem etwas ändern!

Jeder darf leben, wo er will. Weil im Sinne einer christlichen Ethik dieser Planet, Gottes Schöpfung, allen gleichermaßen gehört.

Seinen Körper annehmen

Alles Menschliche soll unvollkommen bleiben, damit wir nicht wähnen, daß unsere Ziele innerhalb der vergänglichen Welt liegen.

Ernst Curtius (1814-1896,
deutscher Historiker, Archäologe und Philologe)

Wir dürfen scheitern. Wir dürfen unvollkommen sein. Er ist das Gelingen. Er ist die Vollkommenheit in uns. Wer den Weg zu Christus geht, der geht den Weg zur inneren Vollkommenheit, denn Christus ist das vollkommene Geistwesen in uns.

Heilung der Seele bedeutet, sich diesem inneren vollkommenen Geistwesen wieder anzunähern, im Sinne des Wortes,

*„er muß wachsen,
ich aber muß abnehmen".*

Johannes 3:30

Die Kraft, die uns diese tiefe Mitte wieder finden lässt, ist *„Yeshuas Heilstrom"*[10]. Darin liegt das große Wunder des Christentums, dass wir diesen Heilstrom überhaupt nicht verdient haben, dass uns Christus aber Seinen Heilstrom SCHENKT. Um Seine Erlöserkraft freizusetzen, musste Jesus das größtmögliche Opfer bringen. Wir aber erhalten Seinen Heilstrom als GESCHENK! Unverdient. Und dürfen dadurch in der Seele heilen und das vollkommene Wesen in uns mehr und mehr erfahren.

Darum ist es so wichtig, dass das Christentum den inneren Christus lehrt und die bewusste Aufnahme der Erlöserkraft, Seines Heilstroms.

„Mein Reich ist nicht von dieser Welt", beinhaltet, sich noch nicht einmal mit dem eigenen Körper zu identifizieren.

Durch Wohlstand und Fortschritt nehmen wir unser Leben als ein Konsumparadies war. Wir suchen nach der Vollkommenheit im Außen und streben nach dem perfekten Lebensgenuss. Das ist das Ideal in dieser Gesellschaft, doch leider entspricht das wirkliche Leben diesem Ideal meistens nicht. Die Folge: Wir sind unglücklich.

Wir suchen nach dem perfekten Partner. Und gestaltet sich die Partnerschaft nicht mehr perfekt, oder erleidet der Partner einen schweren Unfall oder eine schwere Krankheit, wodurch er entstellt wird oder schwere Schäden zurückbehält, die zu einer Behinderung führen – dann suchen sich manche Menschen eben einen neuen Partner. Der Partner, der in dieser Situation zum Partner weiterhin hält, treu an seiner Seite bleibt und ihn auf seinem schweren Weg unterstützt, der geht den Weg des Herzens. Er entspricht aber nicht mehr dem Ideal dieser Gesellschaft, er wird zum Außenseiter, wird manchmal auch als arme Sau gesehen, nicht als Sieger im wahren Kampf des Lebens. Viele herzensgute Menschen erkennen die Charakterstärke, der Zeitgeist aber in der Gesellschaft sieht ihn als arme Sau, die eben Pech hat und dann noch doof ist. Der vollkommene Lebensgenuss, der das unausgesprochene Ideal in dieser Gesellschaft ist, ist selten, und wenn es ihn gibt, dann ist er nur von begrenzter Dauer.

Wir suchen nach dem perfekten Körper. Gutaussehend, schlank, muskulös und unbegrenzt leistungsfähig in den Anforderungen des Alltags. In Schönheitskonkurrenzen und im Leistungssport ist dieser Anspruch auf die Spitze getrieben. Doch kaum einer quält sich nicht mit diesem Anspruch der Vollkommenheit: Man ist zu klein, zu groß, zu dünn, zu dick. Das wirkliche Gegenmodell zum Ideal in dieser Gesellschaft ist der Behinderte. Wir nehmen uns zwar alle vor, tolerant zu sein und die Welt barrierefrei zu gestalten. Doch das innerliche Naserümpfen bleibt, wenn wir einem körperlich oder psychisch oder geistig Behinderten begegnen. Es beginnt sehr oft sofort die Wertung: „Was für eine arme Sau". Diese Wertung baut ein Gefälle auf, diese Wertung ist nicht die Augenhöhe.

Wer kann die Augenhöhe wirklich empfinden und erfahren, wenn nicht der erwachte Christ, der in jedem Menschen den vollkommenen Christus sieht?

Es ist die Aufgabe des Lebens, die Unvollkommenheit zu akzeptieren, um Ihn, den Vollkommenen, in uns zu entdecken. Eine Behinderung kann eine große Hilfe auf diesem Weg sein, ebenso wie Scheitern. Behinderte, die ihr Leben annehmen, sind den „Gesunden" um einiges voraus.

Das Leben als Konsumparadies – diese Haltung beginnt schon beim Ändern der

Haarfarbe. Das ist harmlos, aber es entspricht der Haltung, sich optimieren zu wollen, die Natur nicht zu akzeptieren. Ein Pickel muss heute schnell entfernt werden. Junge Frauen wünschen sich zum Geburtstag eine Brustvergrößerung – und bekommen sie! Im Bräunungsstudio optimiert man die Hautfarbe, im Fitnessstudio das „Bodyshaping", im Nagelstudio die Hände. Schönheitsoperationen – spätestens, wenn das Alter diese anscheinend unentbehrlich machen.

Diese Haltung, das Leben als ein Konsumparadies, ich kann den Körper für Geld optimieren, um den perfekten Lebensgenuss zu finden – diese Haltung setzt sich fort in Babys nach Wunsch, womöglich aus der Retorte oder von Leihmüttern, und in der Auffassung, sein Geschlecht könne man sich aussuchen.

Transgender lassen sich umoperieren. Sie sagen, ihre Seele sei im falschen Körper geboren. Wenn aber der Körper der Ausdruck der Seele ist, warum müssen sie dann fast immer ihre eigenen Hormone unterdrücken und die Hormone des anderen Geschlechts als Präparate zu sich nehmen? Darin zeigt sich, dass sie eben gerade nicht den konsequenten Weg gehen, sich selbst zu verwirklichen, sondern dass sie einen Teil von sich nicht annehmen und unterdrücken.

Keinesfalls geht es darum, der Freiheit zu widersprechen, dass sich jeder sein Leben so gestalten kann, wie er will. Keinesfalls geht es darum, die Vielfalt durch Intoleranz einzuschränken. Es geht darum zu erkennen, dass Transgender nicht glücklich sind und dass die Schritte, die sie unternehmen, in der Regel nicht dazu führen, dass sie ihr Glück finden.

Unser inneres wahres Wesen ist Glückseligkeit, die Essenz des Christentums ist es, das reine Kind Gottes in uns zu entfalten, das der innere Christus ist. Wer zu Christus gefunden hat, wer seinen Heilstrom erfahren hat – der jedem Menschen kostenlos und bedingungslos zur Verfügung steht – dem ist der materielle Körper nicht mehr so wichtig. Er ist wichtig als Gefährt der Seele, man achtet daher auf die Gesundheit, man achtet auch auf ein ansprechendes Äußeres, weil es das Zusammenleben verschönert. Aber man konnte es endlich loslassen, den Körper als die Quelle des Glücks zu betrachten. Weder in einer Optimierung durch Operationen und Hormongaben, noch in einem Ausleben der Heterosexualität oder Homosexualität oder

Transgender-Sexualität. Keinesfalls geht es darum, die einvernehmliche Sexualität, welche Formen sie auch immer annimmt, zu verteufeln oder zu unterdrücken, sie als „schlecht" zu betrachten, sich ihretwegen schlecht zu fühlen. Darum geht es nicht. Es geht darum, dass das nicht mehr als die Quelle des Glücks gesehen wird. Es verschiebt sich die Wertigkeit. Der Mensch muss wieder seine Mitte finden, und der auf die Sexualität fixierte Mensch hat seine Mitte verloren. Nicht die Sexualität wird im wahren Christentum verteufelt, sondern die Fixierung auf die Sexualität, weil die wahre Quelle des Glücks erkannt wurde. Er.

Er ist die wahre Quelle des Glücks. Er ist auch die wahre Quelle jeder Heilung. Er hilft uns nicht nur, die Krankheit besser anzunehmen. Sondern der christliche Heilstrom ist in jedem Menschen und steht bereit, die Heilung herbeizuführen, so wie es gut für die Seele ist. Durch den Glauben können Wunder geschehen. Doch wir können wachsen und reifen durch die Krankheiten, und die Seele kann durch Krankheiten einen Teil ihrer Belastungen an den Körper abgeben. Daher ist es so wichtig, auch als gläubiger Mensch seine Krankheiten anzunehmen und die Heilung in die Hände Gottes zu legen. So wie es gut für die Seele ist.

Dem gläubigen Christen, der die Unvollkommenheit des Vergänglichen, des Lebens in der Materie, akzeptiert hat, fällt es leichter, seine Krankheiten anzunehmen, mit ihnen seinen Frieden zu schließen, wegen ihnen nicht Trübsal zu blasen und im Innern stark und fröhlich zu bleiben. Gleichzeitig kann er Stärkung, Hilfe und Heilung durch den christlichen Heilstrom erfahren. Das ersetzt nicht den Besuch beim Arzt und die medizinische Behandlung. Aber das ist die Grundlage jeder Heilung: Ernährung des Körpers und der Seele. Die Ernährung der Seele durch den christlichen Heilstrom kann der gläubige Christ in einer christlichen Meditation erfahren. Sollte das nicht jedes „christliche" Krankenhaus anbieten?

Die Gemeinde der Neuen Zeit

Eine Gemeinde, die im Namen des Himmels zusammenfindet, wird dauern fort und fort, und eine Gemeinde, die nicht im Namen des Himmels zusammenfindet, wird nicht Bestand haben.

Talmud

Wenn man eine Erneuerung will, muss man bereit sein, alles Bisherige infrage zu stellen. Die kirchlichen Lehrsätze, die man nicht versteht, müssen in Frage gestellt werden:

Jungfrauengeburt? Wollte Gott der Vater ein Blutopfer? Was ist Erlösung wirklich? Wenn Gott ein liebender Vater ist, wie kann er einen Teil Seiner Kinder auf ewig verdammen? Warum soll ein Christ nicht nach Erleuchtung streben, wenn er doch Ihm, Jesus von Nazareth, nachfolgen soll? War Jesus kein Erleuchteter?

Auch die christliche Gemeinde muss in Frage gestellt werden dürfen:

Warum soll immer der gleiche predigen? Warum soll der Prediger für seine Predigt, oder für die Sakramente, bezahlt werden? Und: Brauchen wir überhaupt eine Gemeinde?

Die christliche Lehre, wie sie aus der Bibel bekannt ist, lehrt den inneren Weg der Selbsterkenntnis

(*„zieh zuvor den Balken aus deinem Auge und siehe dann zu, daß du den Splitter aus deines Bruders Auge ziehest!"* – Lukas 6:42)

und das Beten im stillen Kämmerlein

(*„Wenn aber du betest, so gehe in dein Kämmerlein und schließ die Tür zu und bete zu deinem Vater im Verborgenen"* – Matthäus 6:6).

Es wird auch geschildert, wie Jesus zum Beten in die freie Natur ging.

Das Christentum findet also im Alltag statt, am Arbeitsplatz, im Berufsleben, im stillen Kämmerlein, in der freien Natur. Wozu braucht das Christentum dann noch Versammlungen, Versammlungsorte, Gemeinden?

- Inspiration in der Sonntagsveranstaltung (dass es keine bezahlten Priester gibt, heißt ja nicht, dass keiner mehr predigen soll)

- Stärkung für den eigenen inneren Weg durch den Austausch in der Gemeinschaft

- Anlaufpunkt für die Neuen, um sich zu informieren, um Fragen zu stellen, um das urchristliche Leben ohne kirchlichen Dogmatismus kennenzulernen

- Das Christentum will sich in dieser Welt manifestieren. Vieles geht nur gemeinschaftlich, nicht in einer Gesellschaft von Einzelkämpfern.

Für all das brauchen wir schlichte Versammlungsorte, jedoch keine überdimensionalen, unbeheizbaren sakralen Bauten mit goldverbrämten Altären.

Wenn es Gemeinden gibt, braucht es Gemeindeverantwortliche. Geschwister, die den Veranstaltungsort organisieren, pflegen, am Laufen halten, die sich um die Musik kümmern, die sich um die Werbung kümmern, die Vorträge halten, Schulungen geben und am Sonntag predigen. In einer Gemeinde, die sich an der christlichen Lehre orientiert, alles ehrenamtlich.

Aber welche Ausbildung sollen denn diejenigen durchlaufen, die in der Gemeinde geistige Aufgaben übernehmen? Pfarrer und Priester studieren Theologie. Aber ist ein Studium wirklich der Weg, um als Christ anderen etwas über die christliche Lehre beizubringen? Geht es nicht um spirituelle Reife und spirituelle Erfahrungen?

Es gibt in jeder Generation junger Leute Hochbegabte. Für diese sind die Grundfragen des Lebens „Wo komme ich her?", „Wo gehe ich hin?", „Wozu lebe ich?" nicht intellektuelle Spielchen, sondern existenzielle Lebensrätsel. Sie tragen ein Brennen in sich, eine Sehnsucht und ein Leiden an diesen Fragen. Sie kommen nicht eher zur Ruhe, als bis sie Antwort finden. Ausbildung, Arbeit, Familiengründung sind für diese Menschen in dieser Lebensphase nicht wirklich ihre Themen. In der hinduistischen Kultur lassen solche Menschen die normale Gesellschaft hinter sich, sie werden Wandermönch, suchen sich einen Guru, meditieren in einer Höhle. Diese Aussteiger sind in der hinduistischen Kultur gesellschaftlich akzeptiert, denn diese Grundfragen werden ernst genommen. Die christliche Kultur bietet solchen Menschen die Wege, ins Kloster zu gehen, oder Pfarrer oder Priester zu werden. Für Pfarrer oder Priester ist ein Studium der Theologie vorgeschrieben. Die wirklich Hochbegabten fühlen sich von diesen Wegen aber oft nicht angesprochen. Ein klerikales Gelübde ist einschränkend, es ist für die meisten Menschen, die nach dem Geheimnis des Lebens suchen, nicht der Weg, das Leben zuerst mal zu begrenzen. Ein Theologie-Studium ist noch weniger ansprechend. Helen Keller drückte es so aus:

*Eine Hochschule ist nicht der Ort,
an dem man Ideen sucht.*

Helen Keller (1880-1968)

Unser Bildungsideal von Auswendiglernen und Wissen aufnehmen hat nichts damit zu tun, Weisheit zu finden. Es geht darum etwas zu finden, was schon im Menschen drinnen liegt. Unser intellektuelles Bildungsideal auf den spirituellen Weg zu übertragen, ist der Ansatz der Kirchen. Aber ist das der christliche Ansatz?

Jesus ist zum Fasten 40 Tage in die Wüste gegangen. Unsere Gesellschaft sieht eine so lange Auszeit nicht vor, das übersteigt den jährlichen Urlaubsanspruch. Aber genau darum geht es. Die Freiheit, seinem inneren Plan zu folgen. Um sich zu finden.

Vielleicht brauchen wir so etwas wie „christliche Ashrams" – christliche Lebensgemeinschaften, wo Urchristen in Kommunen zusammenleben, das christliche Leben erproben, ohne klerikale Gelübde, ohne eine zwingende Geschlechtertrennung. „Christliche Ashrams" mit gemeinsamen spirituellen Zusammenkünften und mit einer großen Bibliothek. Junge Suchende können eine Zeit lang in einem solchen Ashram leben. Sie bringen sich in der Arbeit ein, um das Gebot „Bete und Arbeite" zu erfüllen, gemäß ihren Fähigkeiten, Ungelernte in einfachen Hilfstätigkeiten, in der Landwirtschaft, in der Hauswirtschaft, im Handwerk. Es bleibt ihnen genug Zeit, an den gemeinsamen Zusammenkünften teilzunehmen und ihr freies Studium in der Bibliothek zu betreiben. Es bieten sich Gelegenheiten, um Gleichaltrigen zu begegnen und Älteren und Erfahrenen ihre Fragen zu stellen. Ein junger Suchender soll ohne

Zeitdruck über Jahre in einer solchen Gemeinschaft leben können oder auch auf der Wanderschaft von Gemeinschaft zu Gemeinschaft ziehen.

Spirituell Hochbegabten wird so ein gesellschaftlich anerkannter Weg geboten, auch ohne sie durch Klosterleben oder Theologie-Studium von vornherein in ein bestimmtes Muster zu pressen.

Ein erneuertes Christentum ist ein mystisches Christentum. Für die christlichen Mysterienschulen bedarf es der Lehrer, die nicht einfach nur ein intellektuelles Studium absolviert haben, sondern die durch ihre Ashram-Erfahrungen ihren Weg der Suche gegangen sind und zum inneren Christus gefunden haben.

...wer da sucht, der findet...

Lukas 11.10

Da der kirchliche Weg oft nicht die wirklich spirituell Hochbegabten anspricht, müssen diese sich entweder einer anderen Religion zuwenden – etwa dem Hinduismus oder dem Buddhismus – oder sie gehen unter in Depressionen, ggf. werden zu Drogensüchtigen. Sie versuchen es, in der

Materie den gesellschaftlich anerkannten Weg zu gehen, aber sie werden nicht glücklich dabei. Die wenigen Starken, die ihrem schmalen Weg treu bleiben, ohne sich vorschnell in eine andere Religion zu flüchten, müssen oft über viele Jahre einen Weg als Außenseiter der Gesellschaft gehen. Der Weg der Meisten, ausschließlich auf die Materie bezogen zu sein, ist ihnen fremd. Die Dogmen der Kirche hinterfragen sie, finden aber nicht die Gemeinschaft, die zu ihnen passt.

Gehet ein durch die enge Pforte. Denn die Pforte ist weit, und der Weg ist breit, der zur Verdammnis abführt; und ihrer sind viele, die darauf wandeln. Und die Pforte ist eng, und der Weg ist schmal, der zum Leben führt; und wenige sind ihrer, die ihn finden.

Matthäus 7:13-14

Sollten denn die, die die Bibel als das *„Salz der Erde"* (Matthäus 5:13) bezeichnet, in einer christlichen Gesellschaft Außenseiter sein?

In der Frühzeit des Christentums gab es die „Anachoreten", die christlichen Einsiedler, wie zum Beispiel Antonius der Große. Das ähnelt dem Weg als Höhlenmönch, den heute noch manche Yogis im Hinduismus wählen. Dieser Weg mag für manche Menschen, zumindest eine Zeit lang, funktionieren. Aber kann das wirklich ein Modell sein für ein modernes erneuertes Christentum? Es kann nicht der Ersatz sein für die verstaubten Formen des kirchlichen Mönchstums und Berufspriestertums.

„Christliche Ashrams" bieten Keimzellen für ein erneuertes Christentum und Anlaufstellen für die Suchenden. Christliche Gemeinden bieten die Keimzellen, aus denen sich solche Lebensgemeinschaften zusammenschließen können.

Solche Lebensgemeinschaften bemühen sich, im Einklang mit der Schöpfung zu leben. Angesichts der Umweltverschmutzung, der Klimaerwärmung und der zur Neige gehenden Ressourcen predigt die Politik zunehmend einen asketischen Lebenswandel. Aber brauchen wir dafür nicht etwas mehr als die Angst vor dem Zusammenbruch? Wenn wir unsere Lebenserfüllung nicht mehr in ungehemmten Konsum suchen sollen, brauchen wir dann nicht wieder eine spirituelle Ausrichtung?

Warum müssen wir dafür in anderen Religionen suchen? Warum suchen wir nicht in unserer eigenen Religion, indem wir sie von den kirchlichen Verzerrungen befreien und wieder ihre strahlende Essenz freilegen?

Die heilende Perspektive

Wir erleben, wie eine Gesellschaft ohne Religion auseinanderbricht.

Ein Pferd liegt am Boden, weil es am Verdursten ist. Anstatt ihm Wasser zu geben, bemüht man sich, es wieder anzutreiben – mit guten Worten, mit Peitschenhieben, mit lockenden Karotten. Sollte man sich nicht erst einmal bemühen, den Durst zu stillen? Wir versuchen, die vielen Probleme, die sich in unserer Gesellschaft auftun, mit kleinen Pflästerchen zu versorgen: Mehr Sozialarbeit, mehr Polizei, mehr Fördergelder, mehr Appelle, Umwelt, Ressourcen, Tierwohl und gesunde Lebensweise rücken ins Bewusstsein, die Familie muss gestärkt werden, die Vereine müssen gestärkt werden, das Ehrenamt muss gestärkt werden etc.. All das ist nicht verkehrt, es tut seine Wirkung. Aber wir erleben, wie das Pferd nicht wieder zum Laufen kommt. Die Probleme werden nicht wirklich gelöst. Wir rennen gegen eine Wand. Für einen religiösen Menschen stellt sich das so dar, dass der Durst der Seelen immer größer wird – ohne dass es den meisten überhaupt selber bewusst ist.

Religion folgt der Idee, dass wir Teil einer Schöpfung sind und dass wir den optimalen Weg beschreiten, wenn wir mit dem Schöpfer zusammenarbeiten. Daran kann man glauben oder auch nicht. Aber zeigt sich derzeit nicht immer deutlicher, dass die beiden Tendenzen in der Gesellschaft – Abkehr von Gott und allgemeiner Niedergang – etwas miteinander zu tun haben? Wenn der allgemeine Niedergang Folge der Abkehr von Gott ist – welche Perspektive tut sich auf, wenn wir bereit sind, mit Gott zusammenzuarbeiten?

Für viele ist das zu einfach: Anstieg von Krankheiten, Drogensucht, Verbrechen, Umweltzerstörung, Kriegen – mit dem Unglauben der Menschen zu erklären. Es geht in der Tat auch nicht darum, dass ein Gott uns bestrafen wollte. Es geht darum, dass es erlaubt sein muss, die Idee der Unverbindlichkeit – der Mensch wäre nichts und niemandem verantwortlich – in Frage zu stellen. Hierbei geht es auch nicht darum, die weltanschauliche Freiheit in Frage zu stellen. Jeder Mensch muss das glauben dürfen, was er möchte. Wir wollen keine staatlich verordnete Weltanschauung. Aber auch die Idee der „Staatskirchen" hat versagt. In einem wirklich säkularen Staat kann es nicht Aufgabe des Staates sein, bestimmte Religionsgesellschaften anzuerkennen und anderen diese Anerkennung zu versagen.

Glaube ist Sache des Einzelnen. Aber eine Gesellschaft setzt sich eben aus vielen Einzelnen zusammen, und die Auswirkung der Weltanschauung auf das Leben, auf die Gesellschaft, auf die Gestaltung dieser Welt wird offenbar unterschätzt. Anders gesagt: Die Welt ist der Spiegel unserer seelischen Gesundheit. Was sagt uns diese katastrophale Welt über den Zustand unserer Seelen? Wir wollen die Welt retten, aber unser Seelenheil ist darin nur eine Randgröße?

Nein, es ist der Schlüssel.

Quellenangabe

[1] https://www.wiwo.de/politik/deutschland/kirchenaustritte-bis-2022-die-kirchen-verlieren-ihre-mitglieder-warum-die-austritte-auf-rekordhoch-sind/28423608.html

[2] alle Bibelzitate Lutherbibel 1912

[3] FOCUS online, 15.04.2018, unter Berufung auf eine Studie, die im internationalen medizinischen Fachblatt „The Lancet" erschienen ist

[4] https://de.wikipedia.org/wiki/Jacinda_Ardern

[5] https://www.rbb-online.de/taeteropferpolizei/themen/frauenkriminalitaet.html

[6] *10.01.2023 – https://www.msn.com/de-de/nachrichten/panorama/ibbenb%C3%BCren-in-nordrhein-westfalen-berufssch%C3%BCler-t%C3%B6tet-lehrerin/ar-AA16buTL?ocid=msedgdhp&pc=U531&cvid=df7a7f40d2584097bac7edecc8714e96*

[7] Franz Alt, *Jesus – der erste neue Mann*, Serie Piper, München, 1989/1992

[8] EU-Gipfel beschließt stärkere Sicherung der Außengrenzen | news | onvista (www.onvista.de)

[9] Buch Sebastian Stranz, *„Wasserkreislauf, Vogelzug, Migration"*, Books on Demand, Norderstedt, 2018

[10] Buch *„Yeshuas Heilstrom"*, Sebastian Stranz, Books on Demand, Norderstedt, 2022, mit einer Anleitung für eine christliche Heilstrom-Meditation